スペシャリスト直伝！

中学校音楽科授業
成功の極意

小村 聡 著

明治図書

はじめに

　幼稚園児だった頃の将来の夢は，バスの車掌さんになることでした。当時は，車内に切符を切る車掌さんが乗車しており，揺れるバスの中で股をガッと開いて体を支えながら切符を切る姿がなんともかっこよく感じたのを覚えています。

　小学校低学年の頃は大工さん。隣の家が大工さんだったのでよく遊びに行き，釘を口にくわえる大工さんの姿をじっと見ていました。小学校中学年から高学年の頃はプロ野球選手。巨人軍終身名誉監督，長嶋茂雄氏のサードからファーストへの送球姿がたまりませんでした。中学校1・2年生の頃は吹奏楽の指揮者。吹奏楽部の顧問の先生の指揮まねにはまり，マイ指揮棒を購入しました。

　そして，中学校3年生のときに音楽の教師。二人の音楽教師から音楽の素晴らしさを教わり，歩む道（音楽の道）に導かれました。高校生から大学生の頃はオペラ歌手。マリオ・デル・モナコとフリッツ・ヴンダーリヒのハイCに心が高鳴りました。

　夢は変わり続けましたが，そこには共通して人との出会いがありました。そしてその人へのあこがれの気持ちがありました。私は，音楽教師としてあこがれを抱かれ，生徒たちの心を揺さぶる人になれたらと思っています。また，人との出会いによって人生が揺さぶられるように，音楽との出合いによっても心が大きく揺さぶられることがあります。音楽で生徒たちの心を揺さぶることができたらこの上ない幸せだと思いながら日々勤めています。

　これまでの26年間の教師生活を振り返りながら本書を執筆しました。そして，執筆することでこれからの自分自身のあり方を探すきっかけともなりました。

　この本を読んでいただけるみなさまにとっても，ほんの少しでも明日への風が吹きはじめるエネルギーになれば幸いです。

　2015年1月

　　　　　　　　　　　　　　　　　　　　　　　　　　　　　小村　聡

CONTENTS

はじめに … 3

I章 音楽教師の悩み解決
一問〇答で答える！

- Q1　音楽の授業ってなぜあるの？ … 7
- Q2　音楽科への理解と協力を得るには？ … 11
- Q3　行事との関わり…保守か改革か？ … 12
- Q4　授業時間がもっとほしい！ … 13
- Q5　備品が足りない！ … 14
- Q6　教師自身の苦手分野の克服は？ … 15
- Q7　変声期の生徒への対応は？ … 17
- Q8　できる生徒とできない生徒の差が激しい！ … 18
- Q9　評価の仕方は？ … 19
- Q10　部活動の運営は？ … 20

II章 音楽教師の指導スキル
生徒をやる気にさせる！

- 1　生徒をやる気にさせる教師のやる気 … 21
- 2　やる気にさせる！とは？ … 23
- 3　やる気にさせるアプローチ1　環境整備 … 24
- 4　やる気にさせるアプローチ2　流れの可視化 … 26
- 5　やる気にさせるアプローチ3　本物志向 … 28
- 6　やる気にさせるアプローチ4　ほめ言葉 … 30

| 7 | やる気にさせるアプローチ5　教師の実演 … 33
| 8 | やる気にさせるアプローチ6　授業の空気 … 35
| 9 | やる気にさせるアプローチ7　手づくり補助教材 … 37
| 10 | 歌わない生徒へのアプローチ … 39

Ⅲ章　生徒が本気になる！おすすめ授業ネタ＆評価アイデア

| 1 | 歌う前のストレッチ … 43
| 2 | 簡単ブレストレーニング … 48
| 3 | 発声のイロハ … 51
| 4 | 共鳴体験・残響体験 … 57
| 5 | 魅力満載！おすすめ題材10 … 60
　① 変声の不思議（1年生歌唱＆鑑賞）… 60
　② 推進力を感じるフレーズ（1年生歌唱）… 65
　③ 声の成長・変化・不思議再発見（1年生歌唱）… 68
　④ 2拍3連の魅力（2年生歌唱）… 71
　⑤ 声の重なりとピアノが織りなす合唱（3年生歌唱）… 74
　⑥ 詞を自分たちの思いに（3年生歌唱）… 76
　⑦ 音楽の食材は？（1年生鑑賞）… 82
　コラム「音楽の扉が開く……恩師に感謝！」… 86
　⑧ 8分休符に込められた思い（2年生器楽＆鑑賞）… 87
　⑨ 日本や諸外国の伝統音楽が生み出す声の音色の特徴
　　　　　　　　　　　　　　　（3年生鑑賞）… 92
　⑩ 一石四鳥の和太鼓アンサンブル（3年生器楽＆創作）… 101
| 6 | 授業外おすすめネタ … 110
| 7 | 評価アイデア … 112

Ⅳ章 生徒が成長する！合唱コンクールを成功に導く秘訣

〈校内コンクール編〉

1. 校内合唱コンクールでねらうものは … 117
2. 成功体験の鍵 … 119
3. 組織固め … 121
4. パート分け … 123
5. パートリーダー　決め方と育成術 … 125
6. 指揮者　決め方と育成術 … 128
7. ピアニスト　決め方と育成術 … 131
8. パートバランスと意識 … 133
9. 学級担任との連携プレイ … 135

〈校外コンクール編〉

1. コンクールとは？ … 139
2. 人づくりから音楽づくりへ … 141
3. 主役の自覚 … 145
4. 見通しと目標 … 147
5. 悩める選曲 … 148
6. 主体性のある音楽を引き出すプロセス … 150
7. 生きた言葉にするために … 152
8. イメージカラー … 154
9. 空虚な演奏 … 155
10. ピアニストへのリスペクト … 156
11. 秘密のノート … 158

1章

一問○答で答える！
音楽教師の悩み解決

Question① 音楽の授業ってなぜあるの？

> 音楽というのはただ音が鳴り，ただそれに合わせて歌詞を読むだけなのに，なぜそのために授業をするんだろう？ なので「早く終わってほしい」とか「休んじゃおうかな」と思っていました。……

　これは，ある年の3年生の卒業前の作文の冒頭です。「ただ音が鳴り，ただそれに合わせて歌詞を読むだけ……」なんと直球な表現でしょう。この疑問を突きつけられたとき，どう答えますか？

Answer①-1 音楽は○○○！

　私自身がなぜ音楽に魅せられていったのか？
　私は，音楽の魅力というか魔力のようなものに吸い寄せられたような気がします。その魅力，あるいは魔力とはいったい何なのか？ 未だにぼんやりとしか分からないこの音楽の不思議な力や私なりに感じている素晴らしさ，大切さを少しでも生徒に伝えたい気持ちから書き始めたのが「音楽は○○○！」というメッセージです。

　　音楽の源は自然の中にある音そのもの！
　　音を楽しもう！
　　音楽は人の心にそっと語りかける！
　　音楽は人の心に強く訴えかける！

音楽は人の心を揺れ動かす！
音楽は心のコミュニケーション！
音楽は人の心をつなぐキューピット！
音楽は心の架け橋！
音楽はそっと寄り添う心のパートナー！
音楽は世界の共通語！
音楽に国境はない！
音楽は心のスタミナ定食！
音楽は喜怒哀楽のコーディネーター！
音楽は音による魂の表現！
音楽は感情の増幅剤！
音楽は怒りの鎮静剤！
音楽は心と心の接着剤！
音楽は人生の演出補佐！
音楽は心の代弁者！
音楽は心のメッセンジャー！
音楽は人生録のインデックス！〜この曲を聴けばあの頃を思い出す〜
音楽は時空を超える人類の共有財産！
音楽はあなたの心に色を塗る！
いつも心に音楽を……！
いつでも心に音楽を……！

　詩人やボキャブラリーの豊富な人ならもっともっと素敵な言葉でつづられるでしょう。しかし，私のようなものが考えたこれらの言葉を眺めてみても，音楽ってやっぱり人が生きていくうえで大切だなということがストレートに感じられませんか？
　私は，これらを定期テストの問題用紙と解答用紙の末尾に書いて，私からのメッセージとして生徒たちに発信しています。

Answer ①-2　感受の種に水まき！

　人は，音楽を聴いたり奏でたりすることで，気持ちが落ち着いたり，心が慰められたり，ウキウキしたり，やる気が湧いたり，逆に落ち込みが深くなったり，涙があふれたり……と音楽によって感情が揺さぶられます。その揺さぶられる度合いは人それぞれですが，音楽にはそのような不思議な力があり，音楽を感受する種を誰もがもっています。その種に水をまき，肥料を与え，大きく育てるのが音楽の時間です。

　普段何気なく耳にしている身近にある音の存在に気付き，音を聴いたり奏でたりして音の不思議さや魅力を発見し，そして友達と音を重ね合わせることによって生まれる思いと響きを共有し，お互いに心を揺れ動かす，それが音楽の時間です。

　そういう時間をたくさん積んだ人ほど感情の枝葉が豊かになっていきます。音楽の時間は，感受の種を育てる，人の成長になくてはならない大切な時間です。

Answer ①-3　きっかけづくり！

　世界には何種類の料理があるでしょうか？　日本料理，イタリア料理，フランス料理，インド料理，エジプト料理……日本料理だけでも寿司，うどん，そば，そうめん，味噌汁，刺身，天ぷら，冷奴，おでん……とりあえず国の数×数十倍，いや数百倍はあるでしょう。では音楽のジャンルは？

　食文化と同じく音楽の歴史も人類の歴史とともにあり，ジャンルも様々です。たった9年間の義務教育の音楽の時間にそれらすべてにふれることは不可能です。しかし，できるだけ多くの音楽にふれ，幅広く体感することで，自分の心を揺さぶる音楽の選択肢が増え，また，将来にわたって探し求めたり，愛好したりするきっかけになるかもしれません。

　音楽をしっかり食べさせて，生徒たちの心をしっかり太らせましょう！

Answer①-4 **教わることで広がる世界！**

　私は島根県出雲市で生まれ育ちました。当然，私の意思に関係なく，出雲弁をしゃべる能力と聞き取る能力が自然に身に付きました。言語とはそういうものなのでしょう。

　一方，小学生の頃から家では姉が奏でるピアノの音が鳴っていました。しかし，それを見聞きして私はピアノが弾けるようになったわけでもなく，音感が身に付いたわけでもありません。天才と言われる人は違うかも知れませんが，音楽を奏でるには，奏で方を教えてもらわないと奏でられません。また，聴き方を教えてもらうことで，より深い聴き方ができるようになります。さらには，音楽を奏でたり，深く聴いたりすることで，より音楽を楽しんだり，味わったりすることもできるようになるでしょう。

　冒頭の生徒の続きの文です。

> ……たくさんの曲に出会い，音楽を構成している音やテンポ，リズム，歌詞，さらには空白の休符にまで，そのすべてに曲づくりに関わった人の何かしらの意思や思いが込められていることを知り，音楽はいろいろな大切なものが組み合わさってできているんだなと感じた頃から音楽に興味が湧き，音楽の授業が楽しみになってきました。…（中略）…さらに音楽は，一人で歌ったり聴いたりする以上に，仲間がいるからこそ，その素晴らしさが共感できる，強く感じられるものなんだなと気付かされました。本当に音楽は，人と人の心をつなぎ合わせてくれるものだと感じました。音楽がどれほど素晴らしいものなのか，すべてを言葉では表せないけど，確実に音楽の価値というものを見つめ直し考えさせられた３年間でした。

　すべての生徒がこのように自ら答えを見つけることはできませんが，私たち音楽教師は，Answer をもっていなければなりません。ただし，言葉で理屈を論ずるよりも普段の授業で勝負です。

Question② 音楽科への理解と協力を得るには？

音楽科が学校行事をプロデュースすることが多々あります。そこで大切なのは，他の先生方の音楽科に対する理解と協力です。音楽科への理解と協力を得るにはどうしたらいいでしょう？

Answer② 管理職にアピール！

音楽室は隔離されていませんか？ 音を発するからという理由からか，音楽室が普通教室から遠く離れた３階，４階の端っこにあったり，完全に別棟にあったりする学校が少なくないと思います。さらに防音壁に防音扉，その上に二重ガラスという完全に閉ざされた空間であることが多いです。以前勤めた学校は，職員室から遠く離れた別棟の３階にありました‼ 完璧です（笑）。生徒たちの明るい声が飛び交う日常生活から完全に隔離され，音楽の時間が終わるとシ～ンと静まりかえる場所でした。

日々の授業をどれだけ一生懸命やっていても，それが周囲に見えないと理解に結び付きません。特に管理職のみなさんにしっかりアピールすることが大切です。思い切って歌声を音楽室の外に漏らしましょう。いきなりが無理だとしたら少しずつ漏らしましょう。生徒たちが一生懸命歌っている歌声を聴いて悪い気分になる人はいません。

また，滝廉太郎の「花」が聴こえてくると「あぁ～春だなぁ～」，山田耕筰の「赤とんぼ」が聴こえてくると「秋だなぁ～」と曲によって季節を感じてもらうのもいいでしょう。それらの曲は，他の先生方にとっても懐メロのはずです。懐かしの曲を耳にして，そこから職員室の会話が弾むこともあるでしょう。

音楽科は，生徒の心の成長に必要な栄養を注ぎ込んでいます。加えて，教職員の心にも栄養を注ぎ込みましょう。自信と誇りをもって邁進あるのみです。

Question③ 行事との関わり・・・保守か改革か？

　転勤して新たな学校に赴任すると，音楽だけでなく様々なカルチャーショックを受けるものです。校内行事で音楽科が関わる入学式や卒業式，校内合唱コンクールはどれも長年続いているもので，その学校や地域の伝統があります。そこで心に浮かぶのは「伝統を守るべきか」それとも「思い切って改革すべきか」の二つ。どうしますか？

Answer③ 熱く語れ！

　入学式などの儀式的行事で生徒たちに歌わせる曲は，その学校の伝統あるいは校長先生のお考えが関わってきます。以前勤めた学校で，卒業式に混声三部の合唱曲を取り上げていたところ，ある年，校長先生から別の曲を歌わせたいという提案が突然ありました。このときは，あまりにもトップダウンだったもので，その提案は通りませんでしたが，私もまだ若かったので，当時かなり悩んだことを覚えています。校内合唱コンクールの選曲に関しても同じような経験をしたことがあります。

　伝統を守るべきか，それとも思い切って改革すべきか？　それは，守るにせよ，改革するにせよ，そこに音楽教師の熱い思いがあるかないかです。乱暴な言い方ですが，音楽の専門家として情熱をもって選曲し，その曲のよさやその曲に対する思いを熱く語ることです。校内合唱コンクールの選曲では，学級担任の思いも関わってくるので，学級担任との語り合いも大切になります。しかし，何よりもまずは音楽科が自信をもって選曲し，元テニスプレイヤー松岡修造さんの如く熱く語ることです。

　経験の浅い若手教師でも音楽に対する思いは深いはずです。音楽の魅力にひかれ，音楽の素晴らしさを生徒たちに伝えたくて音楽の教師になったはずです。熱く語ろうではありませんか‼

Ⅰ章　一問〇答で答える！音楽教師の悩み解決

Question ④　授業時間がもっとほしい！

年間授業時数１年生45時間，２・３年生各35時間……教えたいことや伝えたいことがいっぱいあるのに，この時間数では足りないどころの話ではありません。では，どうしますか？

Answer ④　シェイプアップ！

　ズバリ！　教えたいこと，伝えたいことを絞りましょう。
　教育実習生に一つの題材で３時間の指導計画を立てさせると，初めは３時間がなかなか埋まりません。しかし，教材研究が進むにつれて，今度は逆に収まらなくなってきます。「あれも教えたい，これも伝えたい！」と止めどなく思いがあふれてくるからです。思いがあふれることはとても大切なことで，この経験，この過程を踏まなければ次のステップへは進めません。思いをあふれさせたのちに教えたいこと，伝えたいことを絞り込ませて指導計画を立てさせます。
　私たち音楽教師は，なおさら思いがあふれています。授業内容，展開を考えるとき，一歩立ち止まってそのあふれる思いを吟味して，教える，伝えるポイントを絞ります。そして，ポイントを絞った分，そのポイントの中身を深く濃くしていきます。ただし，深く濃くしていくうちに，気が付いたら結局またあふれていたということにならないように‼
　一つの題材や１時間の展開での絞り込みだけでなく，３年間を見通した絞り込みをします。ただし，教えたいこと，伝えたいことの裏面には，必ずつけたい力などのねらいがないといけません。
　また，複数のポイントをどう組み合わせるとより深まるか，どういう流れで展開すると効率よく進められるかという視点で練ることも大切です。
　器楽アンサンブルの中に創作する部分を散りばめて，器楽と創作を抱き合わせた内容・展開という手もあります！

QUESTION⑤ 備品が足りない！

「器楽合奏したいけど……和楽器の学習もしたいけど……」いろいろ取り組ませたいけど楽器が足りません。さぁ，どうしましょう？

ANSWER⑤ 情熱をもって予算要求！

　初任校で吹奏楽部の顧問を5年間しました。私は，大学では声楽専攻でしたが，中学，高校時代は吹奏楽部に所属し，トランペットを吹いていました。明けても暮れてもトランペットを吹きまくり，お小遣いを貯めて吹奏楽のレコードを買い，吹奏楽にのぼせた青春時代を過ごしました。その経験から楽器についての知識があり，大変役立ちました。

　赴任してすぐ，生徒が練習しているのを回って見ると，ほとんどの楽器の状態がよくなく，また，驚くことにクラリネットやオーボエの生徒が，割れているリードをそれはそれは大切に使っていました。

　そのような現状を知った私は，現存するすべての楽器を一つずつチェックし，楽器の状態リストを細かく作成しました。そして次に，理想とする50人バンドの楽器見積もりを，カタログ片手に，さらには楽器店さんとともに作成しました。もちろん，当時は手書きです。そして，その資料をもとに校長先生，教頭先生はもちろんのこと，事務さんや保護者会のみなさんに説明し，楽器の更新の必要性を訴え続けました。

　その結果，校長先生と保護者会長さんとともに町長さんに直接お願いをすることになり，なんと理解を得られ，楽器の更新予算が5年計画で付くことになりました。年間250万円‼だったと記憶しています。

　授業での備品を求める際にも，まず声を発しないと始まりません。ダメもとで情熱をもって必要性を訴えましょう。情熱は，人を動かします。ただし，プランのある情熱であることです！

Ⅰ章　一問○答で答える！音楽教師の悩み解決

Question⑥　教師自身の苦手分野の克服は？

　学習指導要領に示されている「歌唱」「器楽」「創作」「鑑賞」の各分野，さらにそれぞれの分野内でのジャンルや年代や国……果てしなく広がる音楽の世界。音楽教師がそれらすべての達人になることは難しいです。しかし，苦手分野や苦手意識は生徒に影響します。どうやって克服しましょう？

Answer⑥-1　参加せよ！

　「研修は面倒くさい」「研修に参加して，人前でできなかったら恥ずかしい」という思いがありませんか？　以前の私にはそういう思いがあり，初任からの数年間で割り当てられたどうしても受けなければならない研修以外は，自ら進んで参加することがありませんでした。今思うと大失敗です。若いときにどんどん研修しておけばよかったと今は悔いの気持ちでいっぱいです。知らないこと，できないことは教わるのが一番近道です。臆せずどんどん研修に参加しましょう。

Answer⑥-2　訪問せよ！

　教育センターなどが開催する研修会だけでなく，研修する機会は，その気になれば他にもあります。たとえば，近隣の先輩教師で，ある分野にくわしい先生や実践を積んでおられるスペシャリストがおられませんか？　また，地域で三味線，尺八，和太鼓，民謡を教えていただける方はおられませんか？　近隣の情報を集めて，思い切って訪問します。お互い忙しい日々なので，頻繁にというわけにはいきませんが，長い教師生活を考えると，その先生の門を叩くか叩かないかでは大きく教師生活が変わってきます。これまで私のもとに北海道から視察に来られた方もいらっしゃいます。

ANSWer⑥-3 挑戦せよ！

　私は新採以降，現在の学校に赴任するまでの17年間，ことごとく研究会の研究授業をうまくかわしてきました（苦笑）。これも大失敗でした。自信のなさと勇気のなさとチャレンジ精神のなさが先行した大失敗です。若いうちにいっぱい苦労をしておくべきだったと本当に悔やんでいます。

　苦手分野克服のジャンプ台に立つには勇気がいりますが，失敗は成功のもとと思い，失敗を恐れずに研究授業に挑戦しましょう。教師のがんばりは，必ず生徒の笑顔となって返ってきますから。

ANSWer⑥-4 時間をかけよ！

　研修会，研究授業から逃げまくっていた私でしたが，教材研究には楽しさを覚え，よく教具を作ったり，掲示物を作ったりしました。今でも「こんなのがあったら分かりやすいだろうなあ」などと思いを巡らせながら作ります。

　苦手分野についても，教材研究をしているうちに「早く授業してみたい！」と思えるようになります。教材研究に時間をかけましょう。

ANSWer⑥-5 怠るな！

　実技での苦手分野は，とにかく練習するしかありません。ちなみに私は，ピアノに対する苦手意識があります。高校1年生から習い始めたピアノですが，初任の頃は必死で練習しました。校歌から始まり，教科書掲載の曲，クラス合唱曲，学年合唱曲の伴奏をかなり弾けるようになりました。それが今の財産として残ってはいますが，いざ今，新しい曲を弾こうとするとなかなか弾けません。若い頃に貯めた少ない財産だけで食いつないできたせいです。

　教材研究と同時に，実技の練習をコンスタントに続けることです。個人練習を怠るな。「継続は力なり」まさにこの言葉の重みを実感しています。

Question⑦ 変声期の生徒への対応は？

　声が出にくい，声が裏返る，声の調子が悪い，声がかさつく，音程が外れる，周囲と声の高さが合わない，歌ったら笑われる……特に男子の声の変化が著しい中学生に対してどう向き合っていったらいいでしょうか？

Answer⑦ 安心感を与えよ！

　1年生のスタートで特に大切にしていることは，「声ってすごいなぁ」「歌うっていいなぁ」という気持ちの高まりです。音程や響きのことはちょっと置いておいて，まずはどんどん声を出させ，歌わせて，気持ちを引っ込めてしまわないように心がけます。

　授業中，音程が外れている生徒がいても個人に対しては何も言わず，「おっ！　おじさんの声に近づこうとしている男子がいるなぁ！」とか「おじさんの世界へようこそ！」などと全体に声をかけます。本人は，外れていることに気付いており，歌いにくそうな顔の表情を見せているので，クラス全員から注目されるような個人的な指摘はしません。注目されて恥ずかしさを体験してしまうと，歌うことに抵抗を感じて声を出さなくなってしまうからです。

　そして，5月半ば過ぎに変声期の授業を行います。そこで，発声のメカニズムと声変わりの原因と変わっていく過程をきちんと教えます。人は，病気にかかったとき，その原因と治療の過程を知ることでひとまず安心します。ですから，声変わりについても原因と過程を教えることで「誰もが通る道なんだ！」「音程が合わなくても気にしなくていいんだ！」「自然に変わるんだ！」と安心感を与えてやります。さらに，「こいつ歌が下手だ！」「音痴だ！」などの間違った認識をさせないようにします。

　安心して声が出せるための正しい知識と認識をもたせましょう。

　変声期の授業ネタをⅢ章に掲載していますので，ご覧ください。

Question⑧ できる生徒とできない生徒の差が激しい！

　一斉に指導しても，個人によって進度がまちまちになることがあります。できる生徒にそろえて先に進めるべきか。できない生徒ができるようになるまで粘り強く指導するか。どうしたらいいのでしょう？

Answer⑧ できる，できないではない！

　差が特に顕著に見られるのは，リコーダーなどの器楽です。リコーダーの場合，入学時にすでに差がついています。その理由は，いろいろあります。小学校でのリコーダーふれあい度が，出身小学校によってまちまちであったり，運動機能的に難しかったり，やる気が薄かったり……。

　中学校ではアルトリコーダーになり，ソプラノリコーダーの指使いとこんがらがってますます指が固まってしまう生徒もいます。

　人には得手，不得手があります。まずは個人差があるのは当たり前という大前提の構えをもちましょう。そして授業では，吹けるようになることももちろん大切ですが，吹くことで音楽の何かを感じることの大切さを忘れてはいけません。従って，全員が同じメロディを奏でなくてもいいです。メロディと簡単なオブリガートのように，苦手な生徒でも参加できるようなアンサンブル教材を開発し，ハーモニーや音色を感じさせたり，アンサンブルすることの楽しさなどを感じさせたりするように発想をもっていきます。和音の構成音の一つを吹かせるだけでも感じるものはあるはずです。

　できる，できないの差が大きくなることで，できない生徒のやる気がどんどん下がり，気持ちが音楽から離れていってしまいます。そんな生徒にとっては，音楽の時間が「音が苦の時間」になってしまいます。そういう思いにさせないために知恵を絞って，音や音楽の何かを感じさせる時間を創造していきましょう。

Question ⑨ 評価の仕方は？

毎学期末に時間と労力を費やす成績処理。その資料となる授業での評価は，どのようにすればいいのでしょう？

Answer ⑨ 多面的に把握せよ！

まず，1時間の授業の中で設定する評価の観点と評価場面は，一つ，多くても二つにします。1クラス35人一人一人の様子を1時間まるまるじっくり評価することはできません。題材のねらいに照らし合わせて評価の観点と評価場面をぐっと絞ります。

評価の方法は，一般的に観察，発言，ワークシート，学習カード，作品，レポート，ペーパーテスト，演奏の聴き取りといったものです。

観察や発言は，授業中にメモをとるか，授業後に記録をしておきます。

ワークシートや学習カード，作品，レポート，ペーパーテストの記述は，発言しなかった生徒の気付きやとらえなどをキャッチでき，かつあとでゆっくり見ることができるのでおすすめです。ワークシートや学習カードには，毎時間または題材終わりの自己評価欄を設けて記述させます。自己評価は，ワークシートや学習カードとは別に「自己評価カード」のような一枚ものに目標や内容，評価，感想を毎時間書かせるやり方もあります。ただし書く欄は，生徒に負担感を与えないよう小さめがいいです。

演奏の聴き取りは，実技テストやグループ発表などで行います。評価の予備評価として，合唱のパート練習やグループでの練習時に聴きに回り，メモをとっておきます。

さらに毎回の授業での歌っているときの表情などの観察や忘れ物，提出物のチェックもこまめに記録をとっておくことが大切です。音楽の授業回数は少ないです。だからこそ，できるだけ多くの評価資料を収集し，生徒の資質や能力を多面的に把握しましょう。

Question⑩ 部活動の運営は？

音楽教師が顧問になる部活動といえば，合唱部，吹奏楽部が主流で，まれにオーケストラ部，弦楽部があります。小規模校に赴任するとスポーツ部ということもなきにしもあらずです。いずれの部活動でも運営面でおさえておかなければならないことは何でしょう？

Answer⑩ 保護者にもオープンな運営を！

運営の柱は，「活動方針」「活動計画（見通し）」「活動予算」の3本柱です。スムーズな運営を行うためには，教師と生徒，教師と保護者の相互理解から生まれる信頼関係を築くことが大切です。特に保護者には様々な面で直接的，間接的に協力してもらうことが出てきます。快く協力してもらうためには，まず理解をしてもらうことです。そのために，この柱のうち「活動方針」と「活動計画（見通し）」は生徒と保護者に対して，「活動予算」は保護者に対して年度当初に必ず説明をし，理解を得なければいけません。

「活動方針」は，ありきたりな根性論だけではなく，教師（指導者）の思いと考えがしっかり伝わるものにします。そのために重点項目に対して，具体的な生徒の姿が目に浮かぶような取り組みを挙げて説明します。

そして，何事も計画が大切です。保護者としては，1年間の見通しが知りたいものです。子どもの演奏を聴きに行きたい思いもあるでしょうし，子どものためだったら何かお世話したい気持ちもあるでしょう。また，家族で出かける予定を立てるにも，子どもの活動との調整も必要になります。そのために「活動計画（見通し）」を伝えることが大事です。

「活動予算」は，部費，保護者会費，活動費などその名称や使途は様々ですが，明朗会計に努めます。できれば，会計に関しては教師が管理せず，保護者の方にお願いしてきちんと監査を受けるようにしたほうがいいです。はっきり教師の管理を禁止している学校や県市町村もあります。

Ⅱ章 生徒をやる気にさせる！音楽教師の指導スキル

1 生徒をやる気にさせる教師のやる気

生かされている命にぶつかっていく

　「生かされている命に感謝し，全身全霊で，正々堂々とプレーすることを誓います」……2011年（平成23年）の春の選抜高校野球の開会式。多くの日本国民の胸を打った，創志学園高等学校野球部主将の野山慎介くんの選手宣誓。この年の３月11日，私たちの心に深く刻まれた東日本大震災から１週間と数日後に開幕した大会で，自らの言葉で気持ちを表したこのフレーズは，人を導き，人を育てる私たち教師こそが宣誓しなければならない内容だと私は思いました。

　教師生活今年で26年目。これまでを振り返ると，うまくいって喜ぶ日よりも失敗をして反省したり，悔しい思いをしたりする日々の連続でした。

　若い頃は，生徒の歌声や顔つきなどから手ごたえを感じ，「今の授業は，生徒の肥やしになった!!」と自負できることは，３日に１回あるかないかでした。歌わないことを生徒のせいにし，自分の身勝手な苛立ちを抑えきれず，教師の特権とばかりに怒鳴り散らす姿……今思えば恥ずかしい限りです。そして，その頃の生徒たちには，本当に申し訳ないことをしたと思っています。

　中学生という年齢期だけでなく，小学生，高校生，いや大人であっても限りない可能性をもっていると近年つくづく思います。特に生徒たちに対して「そんなことできるわけがない」「まぁ，こんなもんだろう」「もう限界」と私たち大人が限界線を引いてしまうことは，生徒たち自身にすでにある，伸びようとする芽（エネルギー）を摘み取ってしまうことになり，それは重い

罪だと思うようになりました。

　それこそ,目の前にいる生徒一人一人を「生かされている命」と感じることができず,教師としてその「生かされている命」に対して「全身全霊」でぶつかっていくことをしない。そんな教師になってはいけない。私たち教師こそが「生かされている命に気付き,感謝し,全身全霊で,正々堂々と向き合っていかなければならない」と改めて強く思いました。

生徒の限りない可能性を信じきる

　2011年の東日本大震災の数年前から私の心に**「限りない」**という言葉が響き始めていました。私が今勤めている島根大学教育学部附属中学校のホームページ（http://fuchu.shimane-fuzoku.ed.jp/）を開くと,**「限りないあなたの夢に近づくために」**というメインフレーズが目に飛び込んできます。本校は大学の附属校です。当然,研究推進校としての任務があり,教科,領域に関する研究推進を行っています。しかし,研究紀要などでは語れないものが,今ここに書いている内容そのものです。「限りない」ということは,数字では立証されない不確実なものです。しかし,私たち教師が見失ってはいけない大切なことです。日々の教育の中で,私たち教師は,常に子どもたちの**「限りない可能性」**を信じながら,それを引き出すことを考え,引き出す言葉を与え続けなければならないのです。すぐに結果に結び付くことは少ないですが,根気強く待ちの姿勢で構えてやることです。

　生徒の限りない可能性を信じきり,ポジティブな言葉がけを心がけ,そうした中で生まれてくる生徒のポジティブな心の状態があってこそ,教師が与える技術的な指導が入り込んでいきます。

　私たちが直接関わることができるのは,たったの3年間です。しかしそれは,一生につながる3年間です。急がず,あせらず,じっくりと生徒のやる気を耕していきたいものです。

2 やる気にさせる！とは？

人を変えることができるのは？

　「過去と他人は変えられない」という言葉を聞いたことがあります。これを言い換えれば「変えられるのは今の自分だけ」ということです。もっと言えば「今の自分を変えることができるのは自分だけ」ということです。

　人は，環境や付き合う人しだいで良くも悪くもなります。それは，環境や付き合う人からの影響がその人を変えているように思えますが，実は，その環境や影響をその人自身が好んで選択しているから変わるのです。その環境がいやならその人はその環境から離れていくでしょうし，付き合う人に影響されたくないと思えば，その人と適度な距離をとって影響を避け，その人はその人のままでいるはずです。

　私は，中学生３年のとき，「３年Ｂ組金八先生」のテレビを見て，そこに登場するつっぱった生徒にあこがれ，頭は丸坊主でしたが（笑），学ランの下に赤いＴシャツを着て第一ボタンをはずし，ズボンの両ポケットに手を突っ込んで教室の一番後ろの席に座っていたときがありました。これは，まさに金八先生のドラマが私の心を動かし，私自身それがかっこいいと思い，制服の着こなしを変えたわけです。金八先生のドラマを見ていた日本中の中学生が，みんなそのような格好をしたはずがありません。自分で選択しているのです。

　やる気も同じで，生徒が「やる気を起こす」「やる気になる」のは，周囲が与えた環境や影響に生徒自身の心が動いたときです。

　生徒の心を動かす特効薬はありません。従って私たちは，生徒の心を揺さぶるいろいろなアプローチをし続けなければならないのです。人をやる気にさせるということは，簡単なことではありません。根気強く，粘り強く生徒たちと向き合っていきましょう！

3 やる気にさせるアプローチ1　環境整備

コンサートホール

　音楽室＝コンサートホールとまではいかなくても，音楽室は，音環境の整った特別な空間という気持ちで整備することが大切です。オーディオシステムを整えるには，多額のお金がいりますが，Ⅰ章に書いたように情熱をもって予算要求をしていきましょう。私は，これまで勤めた4校中3校のオーディオ機器を買い換えました。

　私はいつの頃からか，硬い音や声を聴いていると生唾が口の中にたまるようになってきました。スピーカーからの音や合唱をしていてもソプラノの硬い声に敏感に反応します。本校においてもスピーカーの音質に満足できなくなり，まずメインスピーカーを換えました。しかし，生唾反応が起きるので，アンプのBass（低音調節）のつまみを上げていましたが，それでも我慢できなくなり，中低音を充実させるためにザブウーファーを買ってもらいました。これで何とか私の生唾が押さえられましたが，さらに5.1chのAVアンプとサラウンドスピーカーも買ってもらいました。4年かけて音楽室の音環境を変えていきました。

　また，今や映像時代です。できるだけ大画面かつ画質のいい画面で鑑賞をさせたいものです。映画館とまではいかなくても，臨場感あふれるサラウンドの音響と迫力ある画面での鑑賞は，生徒たちの心をきっとつかみ，やる気になるきっかけとなります。

美意識

　音環境だけでなく，音楽室全体の美化に意識をもちましょう。ちょっと用事があって他校へ訪問した際に，音楽室のグランドピアノの上に教科書やら楽譜やらリコーダーやらが無造作にドサッと置いてある風景を目にすること

があります。おそらくその学校の音楽室の日常風景なのでしょう。
　私はかつてこのような風景をピアノの先生のお宅で見たことがありました。そのときは「芸術家っぽい！」と思いました。しかし，学校の音楽室ではありえないと私は思います。普段，生徒たちに整理整頓を呼びかけている先生のホームグラウンドがぐちゃぐちゃでは，指導が通りません。ましてや音楽室はコンサートホールです。ステージの上のグランドピアノの上に楽譜がどっさり……ありえません。

待ち受け

　始業前に生徒机の整理整頓やごみのチェック，教具や機材の準備を必ずします。家庭に訪問客があると分かれば，掃除をして家の中をきれいにして，お茶とお菓子を用意して待ちます。それと同じ感覚です。生徒のことを大切に思い，待ち受ける気持ちがあれば自ずとそうするはずです。

レイアウト

　授業内容や展開によって生徒机やピアノのレイアウトを変えます。本校では通常，生徒は，横9列，縦4列の横長に座っています。映像を映し出す巨大スクリーンが正面センターにあり，映像を見るには1・2列目サイドの生徒はやや見づらいです。ですので，映像を見せるときには，両サイドを少しカーブさせて，センターに視線が集まるようにします。
　また，通常，ピアノは生徒から見て右端にあります。それを左に移動させたり，ど真ん中に縦にセッティングしたりして，より授業内容と展開が充実するようにします。

　音も教室もきれいな環境であることが，生徒のやる気につながります。

4 やる気にさせるアプローチ2　流れの可視化

授業の見通し

　私は，授業の冒頭でその時間の内容や流れを生徒に伝えます。流れや内容が分かっていたほうが，生徒自身が先を見通して取り組めるからです。「この曲を歌うためにストレッチと発声をきちんとやろう」とか「今日の内容は盛りだくさんだな」とか「今日の授業のゴールはここか」のように分かって取り組むことによって，活動の場面転換もスムーズになるし，取り組む姿勢が前向きになります。伝える方法は，口で言うのに加えて，板書またはＡ３判用紙にプリントアウトしたものを掲示します。

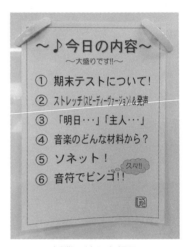

授業の流れを掲示

学習・生活スタイルの３タイプ

　毎時間の授業の内容と流れを示すやり方は，本校のこども支援コーディネーターの先生直伝！の「人の学習や生活のスタイルのタイプ分け」を活用したものです。

聴覚（オーディトリー）タイプ	耳で聞いて理解し，言葉で表すことが得意。
視覚（ビジュアル）タイプ	目で見て理解し，絵や図などの見える形に表すことが得意。
運動（キネセスティック）タイプ	動きながら理解し，体験しながら身に付けていくことが得意。漢字や単語を覚えるのに，紙に書きながら覚えるタイプ。

口だけでの説明では，視覚タイプや運動タイプの生徒が聞き漏らしていることがあります。よって，それらの生徒の受け止め度をアップさせるために掲示もします。

　ある年，私が1年生の学年主任兼担任をしていたとき，その学年全体が徐々に落ち着かなくなり，授業に集中できなく，ざわつく生徒が増えてきたことがありました。そのとき子ども支援コーディネーターの先生が，学年全員を対象に3つのタイプについての調査をされて，この学年には，聞く力が弱い生徒が多いことが分かりました。特に落ち着かなかったクラスは，3分の2の生徒が聞く力が弱く，逆に見る力が強い生徒が多かったです。そこで全教科の担当の先生にお願いして，全学級，毎時間の授業内容の可視化をしてもらうことになりました。結局，生徒たちは教師の口による説明をきちんとキャッチできていなく，今は何をするときなのか，今何をしていいのか分からない状態に少しずつ陥っていたようです。中には，板書をノートに書き写していると，その間の教師の説明が聞けていない生徒がいることも分かりました。その生徒は，書くということが苦手で，書くことに時間をとられ，板書を書き終えたと思ったらもう次の説明が始まっているという状態が繰り返されていました。その生徒には，ノートへの書き写しを少なくさせ，できるだけ前を向いて教師の説明を聞くようにさせました。その代わり，授業後に板書されたものをデジカメで撮り，プリントアウトしてその生徒に渡し，家でゆっくりノートに書き写しながら復習をさせました。

　これは，弱さを補うという考えでなく，強みを伸ばすという考え方です。この対応を2年生の前半まで行うことによって，学年全体が徐々に落ち着きを取り戻し，授業に集中できるようになっていきました。

5 やる気にさせるアプローチ3　本物志向

　音楽を教えるプロとして，あらゆることに妥協せず，生徒に本物を提供できるように努力することで，生徒の目も輝き，本気になっていきます。

基礎を怠らない

　歌唱や合唱に取り組む際に，歌声の出し方を教えなくして表現も何もありません。思いはあってもそれを表現へとつなげる声の出し方ができていないと音楽が深まりません。発声をきちんと教えましょう。
　また，合唱でそれぞれがばらばらの声の出し方をしていたのでは，ドミソのハーモニーもハモりません。ブレンドする声の出し方をしてこそハモりの素晴らしさを体感でき，やる気がアップします。

意義と価値を伝える

　ストレッチ（体ほぐし）やブレス，発声などの基礎トレーニングメニューは，なぜ今これをするのかという意義をしっかり伝え，これをすることによってこのような効果が期待されるといった価値をきちんと伝えることが大切です。

こだわりを示す

　歌唱教材，鑑賞教材すべての教材において，生徒に聴かせる音源や映像にはこだわりをもちましょう。教科書に準じた教材セットもあり，当然それらの音源もよりすぐられたものですが，音楽教師としてもう一歩こだわって，「この演奏のここがいい!!」みたいな，生徒たちにぜひ聴かせたい演奏や観せたい映像を準備しましょう。

本物を生で

　芸術鑑賞教室は，音楽教師の熱意の見せどころです。ぜひとも本物を鑑賞させたいです。鑑賞教室での刺激で，生徒のやる気が変わることが大いに期待できます。

　学校では演奏家や演奏団体を招聘するめための予算が組まれます。その金額は，だいたい前年の実績から組まれるもので，ある程度毎年決まった金額ではないでしょうか。

　ある年，私はどうしても超一流の演奏を聴かせたい気持ちになり，じっとしていられなくなりました。そんなとき，ちょうど目に飛び込んできたのが，ソプラニスタの岡本知高さんのスクールコンサートのパンフレットでした。そのパンフレットを食い入るように読でいくうちに，そのときの予算では足りないことが分かりました。しかし，生徒たちが岡本さんの歌声を聴いている姿を想像すると，絶対に実現したい気持ちでいっぱいになりました。

　私は副校長先生のところへ行き，超一流の演奏を生で聴くという体験によって，生徒たちの心にもっと火をつけたいという熱い思いを話しました。

　結果，副校長先生に思いが通じ，お金のやりくりをしていただいて実現することができました。当時の３年生女子の感想です。

　声とピアノがこの会場の雰囲気を一瞬でつくり上げる。これが生の演奏。別に悲しい歌を歌っているわけではないが，なぜか目の奥が熱い。頭の中が真っ白になった。金縛りにあったようだ。最初の１曲目が終わり，初めて私は動けた。そして岡本さんの演奏が始まると，またあの感覚が訪れる。素晴らしい。それが私の正直な感想である。……もっと生の演奏を聴いてみたい。テレビでは感じることのできない何かを感じることができる。岡本さんが言っていたが，音楽は潤いをもたらす。せっかく演奏するなら，そういう演奏を私もしたい。

6 やる気にさせるアプローチ4　ほめ言葉

インストール度チェック

　人は誰でもほめられたら気分がいいものです。そんなこと百も承知なはずなのに，ついつい教師は，生徒のできていない点に目がいき，そのことが気になります。また，若い頃は，ほめ言葉を言うと何となく歯が浮くようなわざとらしさを感じてしまい，私もなかなか言えませんでした。

　ほめ言葉を言うことが自然体になるために，まずはほめ言葉を書き出してみましょう。頭の中にどれだけのほめ言葉がインストールされているのかチェックです。少ないと感じたらどんどんほめ言葉を考えてインストールしていきましょう。

うまい・上手・すてき・きれい・ビューティフォー・最高・気持ちいい
素晴らしい・ワンダフォー・すごい・いい感じ・いい感性・センスいい
ハイセンス・さすが・おしゃれ・かっこいい・よくなった・レベルハイ
爽快・元気いい・明るい・惚れる・立派・できた・がんばった・感動した
ブラボー・胸にぐっときた・いい・グッド……………………………………
……………………………………………………………………………………

感情たっぷりに

　短いほめ言葉でもどういうテンションで言うかがポイントです。音楽教師は表現者です。感情たっぷりかつ表情たっぷりにテンション高く言って，生きた言葉にしていきましょう。ときには，「○○くんのすてきな声に惚れた！」などと言いながら握手を求めるようなパフォーマンスがあってもいいです。ただし，男性教師の場合，女子生徒に対してはやらないほうがいいです（笑）。

バージョンアップ

次に言葉を足して声に出して練習してみましょう。

かなり＋（うまい・上手・すてき・きれい・ビューティフォー……）
とっても＋（うまい・上手・すてき・きれい・ビューティフォー……）
めちゃめちゃ＋（うまい・上手・すてき・きれい・ビューティフォー……）
べらぼうに＋（うまい・上手・すてき・きれい・ビューティフォー……）

より具体的に

「とっても上手！」と言われただけでもうれしいものですが，いつもそれだけでは生徒自身もバージョンアップしていきません。生徒の心により伝わる具体性をもったほめ言葉が言えるようになるといいです。

「何がどういいのか」「どう素晴らしかったのか」多少，音楽的な表現が深くて，生徒にはとらえにくい言葉でもかまいません。たとえば，下の〈例2〉の「息の流れにメロディがのって」という表現は感覚的なものであるために，生徒にはピンとこないかもしれません。しかし，ほめられている心地よさは感じるはずです。

〈例1〉「今の口の開け方いいねぇ～！」
　→「軽くほほを上げて，前歯がちらっと見えた口の開け方がいいねぇ～！」
〈例2〉「今の演奏，素晴らしい！」
　→「たっぷり息が使えていて，その息の流れにメロディがのっていて素晴らしい演奏だった！」

ほめ言葉は，言われるほうはもちろん，言うほうも気分がよくなり自然とやる気が湧いてきます。どんどん発してみましょう。

言葉かけ（失敗談から）

　どの学校に赴任しても避けて通ることができない校歌のピアノ伴奏。初任校では，始業式などの行事では吹奏楽部の伴奏で歌っていましたが，毎週月曜の朝に行われる全校朝礼では，教師がピアノ伴奏を弾くことになっていました。そこで，赴任した春休みからピアノ伴奏の猛練習が始まりました。高校生のときから始めたピアノ。苦手意識が克服できないまま現場に出た私は，とにかくがんばるしかないと思い深夜まで練習しました。

　日に日に緊張感が高まる中迎えた初の全校朝礼……ピアノは体育館のステージ上にあり，全校生徒の視線が私に集まります。極度の緊張で数小節弾いただけで頭の中が真っ白になり，デビューは撃沈です。それがトラウマとなって，次の週も，その次の週も撃沈で，ついに５月上旬にはカセットテープに録音したピアノ伴奏を体育館のスピーカーから流すという，この学校始まって以来初のことをやってしまいました。その録音は私が弾いたピアノでしたが，多くの生徒は信じていなかったと思います。

　そして私は，かなり気落ちしていましたが，音楽教師としての信頼回復のために，とにかくしっかり大きな声で校歌を歌うしかないと思い，次の週も，その次の週も歌いました。そんなときに私を支えてくれたのが先輩教師の言葉でした。「いい声しとるな！」「おむちゃん歌うまいね！」「失敗は若いときにしっかりしとけ！　気にするな！」などと声をかけていただき，飲みに誘っていただきました。

　生徒たちも同じで，緊張したり，どこかで失敗をして気落ちしたりすることがあります。私が先輩教師の言葉かけに助けられたように，生徒たちに声をかけて支援しなければと思います。できて当たり前と思いがちなちょっとしたことでもほめましょう。やはりほめられるとやる気が出ますから……。

7 やる気にさせるアプローチ5　教師の実演

ピアノは下手でも歌はうまい

　音楽教師は，それぞれに大学で専攻してきた得意分野があります。声楽，ピアノ，管楽器，弦楽器，打楽器，作曲など。その専攻分野に関しては自信をもっているはずです。しかし，音楽の授業の内容の占める割合としては，歌唱分野がどうしても多くなります。従って，教師が歌って示す場面が多いです。

　私は以前，音楽の授業に関して「生徒がやる気を失う場面の１・２・３！」というどえらいアンケートを生徒に実施したことがあります。その結果は，次のとおりでした。

1位	**先生の歌が下手なとき** （声が小さい・音程が危うい・声が汚い・外国語がカタカナ読み・一人世界に入っている）
2位	**先生のしゃべりが下手なとき** （解説が下手・やたらと音楽専門用語を言う・アドバイスになっていない・同じことしか言わない）
3位	**ピアノが下手なとき** （途中で止まる・音を間違える・どの曲もガチャガチャうるさい・楽譜や自分の手ばかり見て弾いている）

　また，卒業し高校へ行った生徒から「高校の音楽つまらん。だって先生の声しょぼいし……」みたいな上から目線発言を聞くことがありました。やはり歌が上手なほうがいいです。そして，上記の３つが上手ならば，生徒のやる気がそこそこ引き出せるということです。がんばりましょう！

教師の生歌

　私は，新入生に限らず，初めて受け持つクラスの授業開きにおいて，出会いのプレゼントとして「'O sole mio」（カプッロ作詞／ディ・カープア，マッズッキ作曲）を歌うことにしています。初任のときからずっと続けています。この生演奏は，生徒たちにとってかなりのインパクトがあるようです。

　特に新入生にとっては，小学校時代の音楽の先生は女性が多く，男性の本格的な発声の歌声を聴いた経験のある生徒は少ないため，インパクト大です。

　私が歌い終わったときの生徒たちの顔は，ほほがゆるんでいます。そして授業後に音楽室を出る際に，私の歌声のまねをする生徒や担任との生活ノートに「小村先生のオーソレ何とかがすごかった！」などと感想を書く生徒がたくさんおり，担任からは「今日の生活ノートの感想は，ほとんどが先生の歌のことですよ」とうれしい声を聞きます。

　いつだったか，初任校の卒業生（もういいおじさんです！）と出会った際に真っ先に出た話がやはり「'O sole mio」でした。また，高校の音楽の先生から「新入生に『心に残っている中学時代の音楽は？』と質問したら，附中卒の生徒たちは『小村先生の 'O sole mio』だったよ！」という声も聞きました。

　初対面の授業開きにおいて，歌う醍醐味を少しでも伝えたく，そして生徒の心の中にある音楽の種に水をまき，肥料を与えられたらと思って歌い続けています。

　音楽教師自身の専攻分野をしっかり目の前で聴かせることが，生徒の気持ちを揺さぶるきっかけになります。忙しい日々ですが，自分の専攻分野の技を磨く努力を忘れないようにしましょう。

　長年，生徒には「歌をしっかり聴いてほしいからア・カペラで歌うね！」と言ってピアノでの弾き語りを避けてきましたが，ついに2014年，意を決してピアノでの弾き語り「'O sole mio」を披露しました（笑）。

8 やる気にさせるアプローチ6　授業の空気

動かす

「起立！　気をつけ，礼！」「お願いしま～す！」私が音楽室に入った瞬間や始業のあいさつの様子で，そのクラスの今のモチベーションやテンションが分かります。長年の経験で得た嗅覚（!?）なのでしょうか（笑）。

人は，モチベーションやテンションが低めなときは静かです。音楽室は外からの音もシャットアウトされている隔離部屋が多いので，その中で静かということは，本当に静かです。このような場合，まず音楽室の空気を動かします。音楽室の空気を動かすとはどういうことか。それは，音楽室外から音や声を入れたり，音楽室内で発したりすることです。

① ドアや窓を全オープンにして外部からの風と音を入れる。
② 始業のあいさつのあとバカ話をして笑いを誘う。
③ リコーダーを吹かせ，音を出させる。
④ じゃんけんゲームなどをして声を出させる。
⑤ ストレッチで肩たたきなどをして「ぎゃーぎゃー」言わせる。

間抜けNG

実習生に授業をさせると，頭の中がいっぱいいっぱいなので次の展開に移るときに，いや～な間ができます。これが生徒のモチベーションやテンションを下げます。生徒たちは，実習生だから仕方がないと思っているようですが，私たちはそういうわけにはいきません。

このいや～な間をつくらないように，常に先の展開を考えながら進め，また生徒の反応しだいで瞬時に対応することが求められます。そのためのしっかりとしたシミュレーションやイメージトレーニングを行いましょう。

テンポ

　楽曲の曲想や雰囲気をつくり出す大切な要素の一つとしてテンポがあります。たとえば，子守唄は終始穏やかなテンポ，運動会の徒競走で流れる曲は終始あおるような速いテンポです。

　授業の雰囲気をつくり出すのもまったく同じです。授業にはテンポ感が大事です。ここでいう授業でのテンポ感は，教師が授業を進めるスピード感であり，それは教師のしゃべり方などのテンションを含んだものをイメージしてみてください。

　たとえば，授業の構成を「導入」「展開」「まとめ」の３段階とし，教師のスピード感を緩急で示すと，

　　　緩－急－緩　　　緩－急－急　　　緩－緩－急　　　緩－緩－緩
　　　急－緩－急　　　急－緩－緩　　　急－急－緩　　　急－急－急

の８通りのパターンがあります。この緩と急の度合いに幅をもたせれば，より多くの授業のテンポ感がつくれるわけです。

　この授業のテンポ感が生徒のやる気を引き出す鍵の一つです。

スピードと高さ

　「教師のしゃべり方などのテンション」と書きましたが，一般的にテンションが高いときは，しゃべるスピードが速く，声も高いです。テンションが低いときはその逆です。しゃべるスピード，声の高さを変えることによって音楽室の空気も変化し，生徒の心を揺さぶることにつながります。

　表現者としての音楽教師は，しゃべるテンポと高さをあやつり，さらに役者のように声音を変えられたら最高です！

9 やる気にさせるアプローチ7　手づくり補助教材

プリント

　各教科で毎時間のように配布されるプリント。どの教科でも分かりやすいように工夫されています。音楽の授業でも補助教材としてプリントを自作することが多いです。

　私がプリントを作る際にまず考慮するのは，見た目の美しさです。大見出しや小見出し，字の大きさや字体の種類，イラストの位置や大きさなどのレイアウトに気を配ります。パッと見てどこがこの授業のメインなのかが分かるような書き方の工夫も大切です。普段からレイアウトを意識しながら新聞や雑誌をながめていると参考になります。

　そして，学習の内容や流れが筋道立てて分かりやすくなるよう考えます。プリントを作りながら私自身の頭の中も整理できます。

　生徒に書かせる箇所はできるだけ少なくし，一つのプリントにあれもこれも内容を詰め過ぎないようにします。また，書かせる枠もあまり大きくしません。見た瞬間に「えっ！　こんなに書くの？」と生徒の気持ちが引いてしまわないようにしましょう。

　また，気分を変えてたまにはアナログな手書きのプリントもいいものです。

巨大資料

　学級全体に資料を示したり，あるいは出てきた意見を書き込んだりして示すときには，楽譜の一部を模造紙に手書きしたり，学校によってＡ０サイズ（841mm×1189mm）やＢ０サイズ（1030mm×1456mm）のコピー機がある場合は，資料を拡大コピーしたものを貼りだして全体に示します。プリントなどで個人に配布すると，どうしても視線が下に落ちます。全員の顔が前に向くようにすることで，気持ちが集められます。

アナログとデジタル

　勤め始めた頃，手書きからワープロへの転換に戸惑いながら時代の変革を感じたものでした。それが今やパソコンに触らない日はなく，毎日世界とつながっている時代です。そして，電子辞書，電子黒板，電子マネー，電子書籍，電子……これまであったもののいくつかが電子化され，生徒たちの中にも浸透しつつあります。

　このような時代の中，授業のスタイルも変化しつつあります。教材資料の提示をパワーポイントで作ってプロジェクターで全体にプレゼンテーションしたり，タブレットを使って歌っている様子を録画し，その場で瞬時に見せたり聴かせたりして話し合いをさせることもあります。また，旋律などの創作に作曲ソフトを使ってパソコンと向き合いながらの創作活動をするなど，授業もしっかりＩＴ時代に乗っかってきています。

　歌うことや楽器を演奏することのアナログな世界を守りつつ，生徒の心を動かすＩＴを上手に組み入れた授業の工夫をしていきましょう。

オリジナル掲示物

　生徒に常に意識させておきたい事柄は，大きな掲示物を作って音楽室に貼っておきます。特に発声練習はほとんど毎時間行うので，発声に関する掲示物を貼ってしっかり意識させます。それも専門書から引用した難しそうな図や言葉のものではなく，ポイントを絞ったオリジナルな手づくり感あふれる掲示物を作ります。掲示物に対する興味・関心がやる気の心をくすぐります。

　パソコンのワードで作成した「７つの表情筋」を示した顔の図やそれをベースにした「ポジくん，ネガくん，アングリくん」の顔の図，「響きのスポット」等の図をⅢ章に掲載していますのでご覧ください。

10 歌わない生徒へのアプローチ

気持ちに寄り添う言葉かけ

　口を少ししか開けない，立つのもだるそうにするなど，クラスの中にはこのような姿を見せる生徒がいるものです。こういう生徒に対して「1回しっかり歌ってみろ！　気持ちがいいぞ！」などと一般的な「励まし型」や「誘い型」の言葉をかけても変容はあまり期待できません。

　言葉をかけることは大切ですが，目に見える「歌わない」という現象をひとくくりにしたような言葉かけではなく，歌わない原因，理由をできるだけ探り，その生徒の気持ちに寄り添った言葉かけをします。実際なかなか難しいことではありますが……。

　そのために，音楽の時間以外の学校生活での様子を観察します。下記の表は，私の経験の中でのざっくりとした傾向分けです。従って，必ずこうであるというものではありません。また，複数の要因が重なっている場合もあります。

日常の声と歌声		要　因
日常的にしゃべる声が小さく，歌声も小さいタイプ	おとなしい 恥ずかしがりや 照れや 自分に自信がない	歌うことに自信がない 音程が分からない 反抗期 心的要因がある 変声途中で声が出にくい 音楽への興味関心が低い
日常では普通または大声でしゃべっているが，歌になると歌わないタイプ	かっこうつけている 音楽教師が嫌い	

言葉かけの具体例

要　因	言葉かけの例
おとなしい	声は小さくてもいいから，しっかり歌える人の横で歌ってごらん！
恥ずかしがりや	声は出さずに，一度，口だけでも思いっきり開けてみるか！
自分に自信がない	お腹に力が入るかな？ この前見たよ！　そうじがんばってたな！
歌うことに自信がない	この世の中でたった一つのあなたの楽器を磨いてみない？
音程が分からない	周りの声をよく聞くようにしてごらん！ 片方の耳をふさいで歌ってごらん！
反抗期	まあ，歌いたくないときもあるわな！ 声出したらすっきりするかもよ！
心的要因がある	声を出しても大丈夫だよ！ 歌いたくなったら声を出してみようか！
変声途中	今は音程とか外れてもしょうがないから歌う気持ちを大切にしよう！
音楽への興味関心が低い	人間の体内には音楽があるんだよ。どういうことか分かる？　そう，心臓の鼓動！
かっこうつけている	○○くんのかっこいい声聞かせてくれよ！ いい体格してるな！　絶対いい声でるよ！
音楽教師が嫌い	僕のことが嫌いでも音楽を嫌いにならないでください。

Ⅱ章 生徒をやる気にさせる！音楽教師の指導スキル

仲間の力

　中学生にとって友達の存在は大きいです。そして自ずと友達からの影響の占める割合が大きくなります。私たち教師が発する言葉より友達の言葉のほうが影響力をもっています。ならば友達の言葉によって，歌わない生徒の心に揺さぶりをかけるのも手です。

　特に校内合唱コンクール前は，クラスとしての盛り上がりもあり，クラスメイト全員でしっかり歌いたいといった気持ちでいる生徒がきっといるはずです。合唱練習の取り組みの中でそういった雰囲気を察知し，言葉をかけてくれそうな生徒を個別に呼んで相談をかけます。ただし，1人だとその生徒が負担を大きく感じてしまうので，必ず2～3人一緒に呼びます。

　「○○くんっていいやつなんだけど，何となく歌うことに反抗してるんだよね。先生も声かけるけど，みんなからも何か言ってあげられないかな？」

　このような感じで，まずは教師と一緒にというスタンスで相談します。

歌唱テストで思いを

　歌唱テスト後に評価の個票を一人一人に渡しています。その評価票には，評価項目ごとの点数と私からのコメントが書かれています。いいところをほめ，具体的なアドバイスと期待している私の思いを書き綴っています。

氏名	姿勢	音程	開口		コメント
○○	5	6	3		音程がまあまあいいので，もっとしっかり声を出してみよう。とは言っても自分の性格を変える（自分の殻を破る）ことはなかなか難しいことだよね。でも少しずつでもチャレンジしてほしいです。

41

歌うことをやめてしまった生徒との出会い……

　私はこれまで，過去の衝撃的な出来事から歌うことをやめてしまった女子生徒二人と出会いました。授業の歌う場面では口も開けず，歌のテストでは近くに寄ってやっと聞こえるほどの小声で歌っていました。残念ながら私は，中学3年間でこの二人の歌うことに対する心を解いてやることはできませんでした。

　A子さんは，中学入学当初から活発で表情豊かな生徒でした。そんな普段の姿の生徒が，歌唱の時間は立っているだけで，歌唱テストでも蚊の鳴くような声でしか歌わないのです。しかし，地元の県民ミュージカルに参加し，そこでは大きな声で歌っていました。A子さんは小学校のときの合唱活動において，「あなたは声が周りと交じらないから一番後ろで歌いなさい」と先生から言われたそうです。そのときから学校で歌うことをやめてしまったのです。私が彼女の歌わない理由を知ったのは，中学2年の後半でした。

　次の文は，B子さんが中学3年生3学期の期末テストの解答用紙に書いてくれたものです。

> ……小学校のときは歌うことが好きだったので，小学校の合唱団に4・5年生のときに入っていました。当時は，何も考えずただ大きな声で歌っていて「声が大きければいい」としか思っていませんでした。そのため5年生の練習のときに，先生に「地声！」と注意され，それがショックで6年生では合唱をやめました。中学に入っても歌うことが怖くて，歌のテストのときも正直自分でもバカみたいに感じる歌い方で，もう本当にいやでした。……

　二人の理由を知ってショックでした。以後，私の頭の中には，歌うことをやめてしまったこの二人の生徒のことがいつもあります。そして，どんな言葉かけをしてやればよかったか，今も考えています。

Ⅲ章 生徒が本気になる！おすすめ授業ネタ＆評価アイデア

1 歌う前のストレッチ

病は気から，やる気は姿勢から

　「病は気から」ということわざの語呂合わせで，私は「やる気は姿勢から」と言っています。やる気は姿勢に表れ，逆に姿勢を整えることでやる気が起きます。しっかりした姿勢で立たせることは最重要事項です。

　ちょっと時間がかかりますが，一人一人の姿勢をチェックしましょう。壁を背にして立たせ，かかと，ふくらはぎ，おしり，肩甲骨，後頭部の5か所を壁につけた姿勢をさせます。普段姿勢が悪い生徒にとっては，この姿勢がけっこうきつく，肩に力が入るので力を抜かせましょう。

　歌うときは，自分の後ろに見えない壁があると思わせて，5か所が壁についているイメージで立たせます。特に肩甲骨に意識をもたせ，肩甲骨を寄せるようにして胸を開くような姿勢をさせましょう。胸の位置も自然と高くなるはずです。

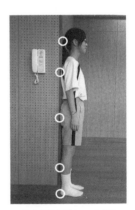

5か所を壁につける

　姿勢が悪いと体が歪み，一部の関節や筋肉に負担がかかり，それで血液の流れが悪くなり，肩こりや腰痛，膝の痛みに結び付きます。きちんと立つことは健康にいいことも強調して伝えましょう。「病は気から，そして姿勢から」です！

体が軽くなる5分間ストレッチ

　何を始めるにもそれなりの準備が大切です。「さあ歌うぞ!!」という気持ちの面の準備も含めて，全身のストレッチをします。

　筋肉や筋は，息を吐くときにじわ〜っと緩みます。ストレッチは，ゆっくりとした呼吸を伴いながら行うのがポイントですが，多少わいわいしながらのほうが気持ちもほぐれます。私自身でいろいろ試してみて，私が気持ちいいメニューを体の上から下へ並べてこのパターンができ上がりました。●印はポイントです。

① 首を右左2回ずつ回転させます。
　●ゆっくり大きく回します。
② 合掌し指先をあごにつけて，押し上げながら天井を見上げます（写真1）。
　●口を閉じたほうが筋が伸びます。

写真1

写真2

③ 両手を組んで後頭部を包み，押さえるようにして床を見つめます（写真2）。
　●下腹を少し引き締めることで背筋の伸びを感じます。
④ 伸ばす筋の反対側の手で頭の横を抱えるようにします（写真3）。
　●手は添えるだけではなく，軽く押さえます。

写真3

※③〜④は，すべてゆったりとしたテンポで5カウントずつ行います。④が終わったらもう一度首回しをします。

⑤ 肩を小さく後ろ回転5回と前回転5回します（写真4）。
　●肩甲骨を意識しながらコンパクトに回します。

写真4

Ⅲ章　生徒が本気になる！おすすめ授業ネタ＆評価アイデア

⑥　腕をしっかり上げて後ろ回転3回と前回転3回をゆっくりします（写真5）。
　●左右の肩甲骨をしっかり出会わせる意識でします。

⑦　両肩に力を入れて上げ，3カウント後に脱力します（写真6）。
　●一気に肩の力を抜きます。

⑧　左右の肩を交互に上げ下げします（写真7）。
　●教師の上げ下げの動きに合わせ，まねっこゲーム感覚でさせます。

⑨　両手の指を組み，手のひらを上にして腕をまっすぐ頭上に伸ばし，足をそろえてつま先立ちをしてバランスをとります（写真8）。
　●背筋を伸ばすとともに眉を上げ，目をぱっちり開きます。

⑩　腕は下ろさずかかとを床につけ，足幅を少し開き，上半身を真横に倒します（写真9）。
　●少しずつ深くしていき，左右ゆっくり5カウントずつ行います。

⑪　腕は下ろさず組んでいた指を解き，手のひらを頭上で合わせ，頭上で合掌の状態で静止します（写真10）。
　●手が開かないようぴったりつけます。肘が耳のラインにくるようにします。

⑫　頭上で合掌のまま右足裏を左ひざ横につけて片足立ちをします（写真11）。
　●足裏をつけている足のひざが真横にくるようにします。

45

左右ゆっくり10カウントずつ静止したあと、ゆっくり腕を下ろし開放します。すると指先がひ〜んやりするのを感じるはずです。⑨から⑫の間は、腕を一度も下ろさせず、連続して行います。⑫が終わり腕が開放されると、その辛さから解放された笑みとともに「はぁ〜っ」と安堵の声が生まれます！

⑬ **再び指を組み、手のひらを外側に向け腕を前に伸ばし、足を肩幅に開いて、腰をひねり、5カウント静止します（写真12）。**
- 5カウント後さらにグイッと深くひねります。左右1回ずつ行います。

⑭ **立ったまま前屈をします（写真13）。**
- 反動をつけず、じわ〜っと裏もも＆ふくらはぎの筋が伸びるのを待ちます。ときには、足をクロスして前屈したり、腰→おしり→裏もも→ふくらはぎを叩きほぐしながら前屈したりします。

⑮ **足を肩幅に広げ、右手で左足首を外側からタッチし、左手をまっすぐ天井に向かって伸ばし、その指先を見上げ5カウント静止します（写真14）。**
- 足首を外側からタッチしましょう。

　私は、このパターンを基本にして、ときどき違うことを挿入します。ワンパターン化することで、はじめの2、3回でやり方と効果を説明しておけば、いちいち解説が省かれ、また生徒も次にやることが分かっているので流れがスムーズになり、時間の無駄遣いがなくせます。

　このストレッチパターンは、大人にもおすすめです。本当に気持ちよく、体が軽くなります。実習生に授業をさせている期間は、私はできないので、私の体はガチガチで肩コリコリです。というより、実習生のせいにしないで休憩時間にでも一人でやればいいことですね（笑）。

Ⅲ章　生徒が本気になる！おすすめ授業ネタ＆評価アイデア

美顔ストレッチ

　顔は30種類以上の筋肉で構成されていることをご存知ですか？　それらが相互に作用して人間の複雑な心を表情としてつくり出しています。そのうちの代表的な**7つの表情筋**（皺眉筋・鼻筋・眼輪筋・頬筋・笑筋・口輪筋・口角下制筋）を指先でほぐしたり，手を使わずに動かしたりします。

　指先でほぐすとき，眼輪筋以外はすべて指先を下から上に動かすようにしましょう。下から上に動かすのが美顔マッサージの基本と聞いたことがあります（違っていたらごめんなさい）。生徒には「上から下に動かすと老け顔になるよ！」と言うと一生懸命下から上に動かします（笑）。

　目が疲れているときは，眼輪筋を指圧すると気持ちいいです。また，鼻筋を下から上にマッサージすると鼻の中がスーッとして，鼻のとおりがよくなります。耳慣れない口角下制筋は，口を「への字」にするときに働く筋肉です。

　「表情筋を一つずつ動かしたり，複数組み合わせて動かしてにらめっこをしよう！」と言うと，とっても盛り上がります。

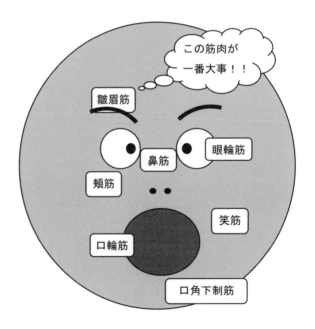

2 簡単ブレストレーニング

　普段，無意識に呼吸をしているときは，のど周りの筋肉は動いていません。しかし，意識的に深く息を吸うときには，喉仏が下方に動くはずです。また，あくびをしたときにも喉仏が首元付近まで深く下がるはずです。これは喉仏を引き下げる「引き下げ筋」が働くためです。吸気のブレストレーニングをするときは，この喉仏の動きを意識させながら行うといいです。

ビックリブレス（吸気トレ）

　人はビックリしたとき，自然に息を吸っています。ビックリブレスは，ビックリしたときの顔の表情筋を動かすとともに，引き下げ筋も鍛え吸気するトレーニングです。不規則に手拍子で合図を出し，合図と同時に瞬時に口を開けて「ハッ！」と息を吸って，口を開けた表情のまましばらく止めて，次の合図で一気にため息のように「はぁ〜」と吐きます。手拍子を打つ前に「100万円見つけてビックリ！」とか「下駄箱の中に好きな人からの手紙を見つけてビックリ！」など言ってやると盛り上がります。

一気ブレス（吸気トレ）

　脇腹に手をあてて，その手で押しながら一定のスピードで徐々に「スーーーー」っと息を吐き，全部吐いた状態で5〜10秒間止めます。その後，一気に手を離します。お腹が一気に膨らむと同時に息が吸い込まれます。そして，入った息をため息のようにすぐ「はぁ〜」と吐きます（吐こうと思わないでも一気に入った反動ですぐに「はぁ〜」となります）。ポイントは，息を吸う感覚ではなく，一気に膨らんだお腹に空気が吸い込まれる感覚を体感することにあります。

フレーズブレス（呼気トレ）

　一定した呼気圧を保つために，秒数をカウントして息を吐かせるトレーニングもいいですが，既習曲を利用してピアノ伴奏に合わせてフレーズ感をもたせながら息を吐かせることをおすすめします。例えば「夢の世界を」（芙龍明子作詞／橋本祥路作曲）ならば，「ほほえみ－かわして－かた－り－あい－」＜ブレス＞「おちばを－ふーんで－あ－るい－たね－」＜ブレス＞……となります。吐き方は，口をすぼめて「フ――――」より，歯と歯の間から「ス――――」と吐かせたほうが抵抗感もあっていいです。また，メロディのリズムに合わせて「スススス－スススス－スス－ス－スス－」（ほほえみ－かわして－かた－り－あい－）とやってもいいです。

ドッグブレス（吸気・呼気トレ）

　名前の通り，走ったあとの犬の呼吸をまねします。口を半開きにして，軽く舌を出し，小刻みに息を出し入れします。その際にお腹に手をあてさせてしっかりお腹（横隔膜）の動きを意識させましょう。腹式呼吸を確認するには簡単でとてもいい方法だと思います。しかしこの方法は，女子生徒には抵抗がありますので，しつこくやらせないことです（笑）。

ソーメンブレス（吸気トレ＆引き下げ筋トレ）

　「ソーメン」と名付けられたブレストレーニングは，私の声楽の師匠である島根大学の教授であった故・三原重行先生から教わったトレーニングです。
　高音域を発声する際に喉仏が上がってしまうとしめつけたきつい声になり，響きもなくブレンドしない声になります。テノール歌手でもあった先生が，喉仏を意識しながら，引き下げる筋を鍛える方法を伴ったユニークなトレーニングを考案されました。それが「ソーメン」です。

写真1

写真2

写真3

写真4

写真5

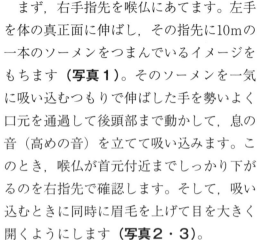

指先に10mのソーメン！

　まず，右手指先を喉仏にあてます。左手を体の真正面に伸ばし，その指先に10mの一本のソーメンをつまんでいるイメージをもちます**（写真1）**。そのソーメンを一気に吸い込むつもりで伸ばした手を勢いよく口元を通過して後頭部まで動かして，息の音（高めの音）を立てて吸い込みます。このとき，喉仏が首元付近までしっかり下がるのを右指先で確認します。そして，吸い込むときに同時に眉毛を上げて目を大きく開くようにします**（写真2・3）**。

　これを左右の手3本ずつ行い，そして仕上げに超極太麺を両手で3本吸って，最後はあくびにつなげます**（写真4→5）**。

　みなさん，ソーメンやラーメンを吸い上げるときに自分の喉仏がどうなっているか観察したことがありますか？　お腹が空いて，おいしいものを目の前にしていちいちそんなこと思いませんよね。でも，一度観察してみてください。吸うときに喉仏が下がり，飲み込むときに上がりますから（笑）。

3 発声のイロハ

声の源

　声の源（喉頭原音）は声帯でつくられます。その声帯を私たちは日常的に見ることもできなければ，意識することすらありません。この存在感のない声帯を唇にたとえ，声の源を次のようにして生徒に教えます。

　唇を軽く閉じ，唇の力を抜いて息を吐き，唇をブルブル振動させて見せます（リップロールまたはリップリード）。これなら生徒も簡単にできて実感できます。そして，この「ブー」という雑音に近い音が，喉の奥で鳴っていて，これが声の源であることを教えます。すると生徒は「えっ！　声ってこんな音？」「これ声じゃないよ」と疑問をもちます。

　ではどうしてこの「ブー」音が，響きのある声・歌声になるのか？　この説明にトランペットを用います。私が中学・高校時代に磨いたトランペットの技の出番です（笑）。

　まずはマウスピースだけで音を出します。「ブー」と唇で出した音より高めの音が出ます。次に，マウスピースで音を出しながら徐々にトランペット本体を合体させていくと「ブー」音が響きある立派な（!?）トランペットの音に大変身!!　生徒からは「お～っ!!」の声。さらにコルネットとフリューゲルホルンを吹いて聴かせます。すると，生徒たちは本体の形の違いによって音色が変わることに気付きます。

　声・歌声の音色は，その人の顔の形（骨格）や口の中の広さなどによって変わることをこれで理解できます。家に電話がかかってきたときに，こんなやりとりの経験がないでしょうか？「もしもし，あら○○ちゃん!?　久しぶりね！」「あの～妹の□□です」「あら，ごめんなさい。お姉ちゃんの声によく似てたから間違えちゃったね！」兄弟姉妹や親子は顔が似ているので，声も似ているのは当然ということに生徒も納得です。

響きのスポット

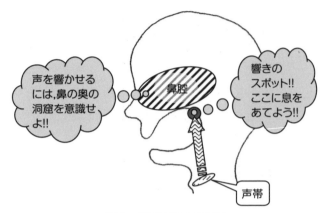

図1　響く声のつくり方

　響く声にするにはどうすればいいでしょう？　まずは**図1**を示しながら「鼻腔（鼻の奥の空間）」と「あくびのど」について教えます。生徒にとって鼻腔の存在感はないに等しいです。ましてや，かなり大きな空洞になっていることを知りません。

　そして「洞窟やトンネルの中で声を出すとどうなる？」と質問しますが，洞窟やトンネルの中で実際に声を発したことのある生徒はほとんどいません。「じゃあ，お風呂の中は？」と言うと「あっ！　響く！」「ぽわ～んってなる！」などの反応が返ってきます。「そう，お風呂の中と一緒で洞窟やトンネルの中でも音や声が大きく響きます。人の体の中で洞窟の役目をしているのが口の中や鼻の奥です。だから口の中を広く保ち，鼻の奥を広くする感覚が響く声づくりには大切なんです」

　「もう一つ，口を大きく開けてあくびのときのように息を吸ってごらん。口の奥の上のところに冷たく感じるところがあるでしょ！　そう!!　そこが響きのスポットです。発声するときにそこに息をあてるように声を出すと，そのスポットの上にある洞窟が響いてくれますよ！　さあ，やってみよう!!」

Ⅲ章　生徒が本気になる！おすすめ授業ネタ＆評価アイデア

ポジくん・ネガくん・アングリくん

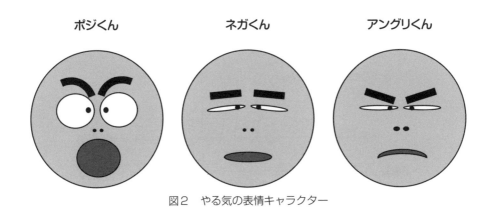

図2　やる気の表情キャラクター

　この3人の顔を見た瞬間の第一印象はどうでしょう？　図2のポジティブ志向のポジくんをAくん，ネガティブ志向のネガくんをBくん，怒りん坊のアングリくんをCくんとして話を始めます。
　「誰の顔にやる気を感じますか？」「誰がしっかり歌っているように見えますか？」「響いたボリュームのある声が出ているように見えるのは誰ですか？」と質問をします。最初の質問には，Cくんという生徒もいますが，だいたいいずれの問いにもAくんと答えます。「歌には，明るい曲ばかりでなく，Bくんのような暗い顔をして暗く表現する曲もあるし，Cくんのように怒った表情で歌う曲もあります。でもまず，明るい歌声をめざして，発声練習のときはみんなAくんの顔を意識して声を出そう！」と気持ちを誘います。そして，実は，Aくん，Bくん，Cくんには名前があることを明かします。
　中学の3年間は，体も心も大きく成長，変化する時期です。無邪気さが薄れ，徐々に恥ずかしさも生まれ，口数も少なくなってきます。その中で，いかに顔の表情を意識させながら歌わせるか。大切なのは，こちらが妥協せず求め続けることと，教師自ら表情豊かな顔を示しながら行うことです。

ザ・必殺飛ばし矢

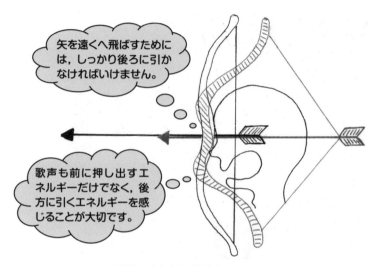

図3 声を前に飛ばすイメージ

　口が顔面の前にあるために，声は前に出すものというイメージになりがちです。しかし響きがあり，遠くへ飛ぶ声をつくるためには顔のまわり360度すべての空間を意識し，その中でも特に後ろの空間を意識することが大切です。

　あくびのときは，口の中の奥が後ろに引かれていきます。その後ろに引く意識を強くもたせます。そこで示すのが**図3**です。

　弓を使って矢を遠くに飛ばすためには，しっかり後ろに引かなくてはいけません。歌声も前に押し出すエネルギーではなく，後ろに引いたエネルギーを前に飛ばす感じで発声することが大切です。このたとえのほか，遠くへボールを投げるときの腕の動きやサッカーでボールを遠くに蹴るときの足の動き，釣りのときに釣り糸を海の遠くに投げ入れるときの腕と釣竿の動きなどにもたとえてイメージさせます。

Ⅲ章 生徒が本気になる！おすすめ授業ネタ＆評価アイデア

ザ・必殺裏階段

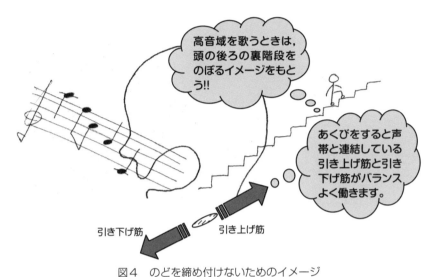

図4 のどを締め付けないためのイメージ

　音域が高くなるにつれて，のどを締めて前に出すような声になるのを防ぐために**図4**を示します。頭の後ろに階段をイメージさせ，これを裏階段と呼んでいます。高音域にいくに従って裏階段を登っていくイメージをもたせます。同時に階段を登るには，下半身のエネルギーが必要であることも理解させ，ひざを曲げさせたり，内ももを内側に引き締めさせたりして発声させます。

　また，唾を飲むと「引き上げ筋」という筋肉が働き，あくびをすると「引き下げ筋」という筋肉も働きます。この二つの筋肉がバランスよく働くのがあくびをしたときで，高音域を発声するときにこれらの筋肉が働いてくれると，締め付けたようなきつい声にはなりません。

　そこで，喉仏を上げた発声「アー！」と下げた発声「ア〜！」の二通りを実演して見せます。

パターン化

　ストレッチやブレストレーニング，発声練習には多数の方法があります。これまで私自身のトレーニングや講習会において教わったり，経験したりしたものの中から厳選したものをパターン化して行っています。なぜパターン化したかというと，ズバリ時間の節約です。毎回違うことを行うとそのやり方や効果の説明に時間をとられてしまいます。また，発声練習のための練習にならないようにするためです。

　パターン化を始めた頃は，生徒が飽きるのではないかと心配しました。しかし意外にもそんなことはなく，かえって同じことをやることで，その日の自分の調子に気付けたり，自分の変化（成長）をとらえることができたりするようです。パターン化するにあたって大切なのは，はじめにやる意義と効果とやり方を丁寧に教えることです。もちろん一年中100％のワンパターンではありません。ねらいやその日の生徒たちの状態を観察しながら違うメニューも挿入します。

発声の3パターン

　発声は，次の三つの音型を基本に，学習する楽曲の内容によって言葉や音域，アーティキュレーション，強弱などを変えて行います。

発声パターン

共鳴体験・残響体験

黄金のトランペット　マリオ・デル・モナコ（1915〜1982）

　声や音は，その振動が空気を伝って人の耳や体に伝わります。私が大学1年生のとき，こんな話を聞きました。「昭和40年代にイタリア歌劇団が来日した際，黄金のトランペットと呼ばれ輝かしい歌声をもっていたイタリアのテノール歌手マリオ・デル・モナコが，自分の声帯の状態を診てもらうために耳鼻咽喉科へ行き，その診察室で試しに発声をすると，デル・モナコの声に周囲のアルミ製の医療器具が共鳴してガチャガチャ鳴りだした」という話です。実話かどうかは分かりませんが，声のすごさ，不思議さ，魅力にさらに引き込まれ，そしてマリオ・デル・モナコのレコードを買いあさるきっかけとなった話です。

　この話を聞いてから数か月後，大学のオペラの稽古での出来事です。4学年上のバリトンの先輩が*ff*で「ア〜！」と（確かFかGだったと思いますが）延ばされたあとの残響が空間に残ると同時に，近くに置いてあったバスドラムがビーンと鳴り，共鳴というものを目の当たりにした瞬間がありました。私だけでなく，その場にいた全員が「おおおおお……すごい！」と感嘆の声を上げたのを覚えています。

　生徒たちにもこれらの話をしてやります。

共鳴体験

　教師になり，バスドラムを目の前に生徒の前でやってみせると，生徒たちは，私が学生のときに驚いたのと同じような新鮮な驚きの表情を見せます。その顔を見るのがいつも楽しみです。そして「口の奥を開いて，お腹にエネルギーをためて，さらにこのバスドラムを鳴らせてみせるという強い気持ちをもって，ただし，お腹周り以外は力まないで，そして，誰かをビックリさ

せるつもりで一気に『わっ！』と*ff*で声を出してみよう！」と言って，生徒たちにやらせます。すると空間にかすかに残るバスドラムの響きに満足げな笑顔を浮かべます。

　もう一つ，グランドピアノのふたをフルオープンにし，ペダルを踏んで解放した弦に向かって「ア～！」と声を発します。すると私の声の振動がピアノの弦に伝わり，私の声がピアノから聴こえます。これをやって見せたときの生徒の表情を見るのもまた楽しみです。もちろん，生徒たちもやってみたがります。ピアノの周りに生徒を集め，Aの音程で発声させます。するとピアノから聴こえてくるきれいな自分たちの声にニンマリの表情です。さらにドミソでハモらせた声をピアノから聴くと「おおおおおおお……！」と感動の嵐です。

残響体験

　本校教職員の音楽科への理解は深く，歌声が学校中にあふれることを一緒に喜んでくれます。ですので，廊下と音楽室を隔てている分厚い防音ドアをフルオープンにして授業をしても何の文句も出ません。むしろ「歌声が聴こえていいわぁ」と言っていただけます。以前，教育実習生の「ア・カペラに挑戦～ふるさと～」という授業で，実習生が「響き合いを感じさせたいので階段の踊り場で歌わせてもいいですか？」と提案してきたときにも「どうぞどうぞ！　どんどんやって！」と言ってやらせました。

　合唱のパート練習のときも音程に自信がついてきた頃からドアを開け，自分たちの歌声が廊下に響き渡る心地よさを体感させるとともに，自分たちの歌声を多くの人たちに聴いてもらいたいという積極的な気持ちを育てるように努めています。

　そして，声の響かせ方を教えるときにも廊下を利用します。私が音楽室と廊下の境のところに背を廊下側にして立って「ア～!!」と発声してみせます。1回目は，のどをしめて前に（音楽室の中に）押した声で*ff*で延ばします。

2回目は，後方を意識してのどの奥を開いた声で延ばします。すると2回目では歌い切ったあとに廊下に残響が残ります。この残響を聴いた瞬間の生徒の顔を見るのもまたまた楽しみです。響く声を求めるときには，前に押した声ではなく，裏階段（p.55参照）を意識して声を出すことを伝えます。

響きを体感

　私は，転勤すると必ず校舎中を巡り，手を叩いたり声を出したりして響く場所のチェックをします。オーディオシステムなどの音響設備が整っていても，歌いやすさの点で音楽室がベストな響きという学校は意外にも少ないのではないでしょうか。調査をしたわけではないですが，これまでに私が勤めた学校やお邪魔した学校の音楽室は，じゅうたん張りの床で響きがデッドなところがほとんどです。島根県は，合唱部のある学校より吹奏楽部のある学校が断然多いです。音楽室の響きが抑えてあるのは，そのあたりも理由としてあるのかもしれません。

　本校の中で歌いやすい場所ベスト4は次の通りです。

歌いやすさ	場所	特　徴
ベスト1	技術室	床は板張りで天井が高く，心地よく響きます。木の香りがまたいい!!
ベスト2	美術室	床は板張りで天井がやや高く心地いいのですが，絵の具のにおいが……。
ベスト3	音楽室	床は板張りですが，天井の高さと形が微妙!
ベスト4	わくわくロード	H26年3月に完成した隣接の附属幼稚園と中学校校舎を結ぶ屋根付き屋外通路。かまぼこ型の屋根に声が反射し，また開放感もありいい!!

　授業は，基本的に音楽室で行いますが，ときどき他の場所で歌わせて，響きの違いや歌いやすさ，歌いにくさを体感させることも大切です。

5 魅力満載！おすすめ題材10

題材1 変声の不思議
何気なく発している声。声の変化ってどこがどうなっているの？

授業の流れ
(全1時間)

学習活動	教師の支援
・ストレッチ＆発声をする。 ・既習曲を歌う。 ①男子生徒は一人ずつ「こんにちは」を言う。女子生徒はそれを聞く。	・気持ちを乗せるようにテンポよく進める。 ・生徒には変声判断をするとは告げず，よく聞くように促す。 ・男子生徒の声の高さを聞いて，低めの声の生徒の肩をタッチする。 ・肩をタッチした生徒とそうでない生徒それぞれ交互に「こんにちは」を言わせ，声の高低に気付かせる。
②声帯の位置と発声原理を知る。	・のどに手をあてさせ，唾を飲んだり，あくびをしたときに動く喉仏の存在を認識させる。 ・DVD映像で声帯の位置と発声原理を教える。
③NHKドキュメンタリー「変声期」の記録を聞く。	・古庄紋十郎くんと今野真一くんの記録を聞かせる。その際に日付と変化の様子を簡単にメモさせる。 ・変声期における声帯の伸び数を説明する。 ・女子の変化について説明する。
④感想を書く。	・二人の変声を聞いて感じたこと，気付いたことを書かせる。 ・自分の変声状態に目を向けさせる。

教材：DVD「声の不思議～美しい声を作るために～」（米山文明 解説・監修，音楽之友社），NHKドキュメンタリー「変声期」

Ⅲ章　生徒が本気になる！おすすめ授業ネタ＆評価アイデア

①　「こんにちは」で変声判断

　授業の冒頭では本時の学習内容を伏せておき，既習曲を歌ったあと座らせ「それでは，今から男子には一人ずつ『こんにちは』と言ってもらいます。女子のみなさんは，聞いていてください」とだけ伝えて始めます。
　前の生徒から順に始め，変声が終わっていると確信できる低めの声を発した生徒の肩には，ニヤッとして大げさにタッチし，だいぶ下がってきているけどもうちょっとだなと思える生徒の肩には，軽くうなずいてソフトタッチし，まだ少年の高い声が残っている生徒には，ニコっ！と笑顔を送ります。ニヤッとしての大げさなタッチは，「ようこそおじさんの世界へ（笑）！」という私の気持ちを表現しており，うなずいてのソフトタッチは「もう少しの辛抱だ！」，そして，笑顔は「まだ純粋できれいな声だね！　待ってるからね！」という気持ちを表現しています。
　私が男子にあいさつをさせて何をやろうとしているのか，だいたい途中で多くの生徒が気付きます。そして，肩をタッチした生徒全員とそうでない生徒全員それぞれ交互に「こんにちは」を言わせると，一目瞭然，声の高低がはっきりします。このとき，どっと驚きの声が起きます。

②　のどのクリクリ何？

　「指先でのどを触ってクリクリしたものを探しましょう。ありましたか？　それでは指先をそのままにして唾を飲んでごらん。するとクリクリはどうなりましたか？　そう，上がりましたね。次にあくびをしてみよう。すると今度はどうですか？　下がりましたね。この動く物体が喉仏です」自分のクリクリが動いたことで「お～っ!!」という感嘆の声が上がります。この声は，生徒たちが喉仏の存在と動きに普段気付いていない証拠です。
　「それでは，今度は唾を飲む力とあくびの力を借りないで，自分の意志で動かしてみよう。口は閉じてやります」すると生徒は「え～っ！」「マジで

そんなことできるの!?」「できん!」とざわつきます。そこで,私ののどもとに注目させて私の喉仏が動くのを見せてやると,不思議そうな顔をしながらチャレンジし始めます。

　こうやって喉仏の存在を認識させ,その中に声をつくり出している「声帯」があることを教えます。そして,声帯の映像を見せます。ＤＶＤは「声の不思議～美しい声を作るために～」(米山文明解説・監修,音楽之友社)です。内視鏡カメラで撮影された声帯振動のシーンはとても生々しく,「ギャ～!」と言いながら顔を伏せる生徒もいますが,珍しいもの,怖いもの見たさに徐々に顔が上がっていきます。

③　変声の記録を目の当たりに

　昭和43年に初回発売されたレコード「ＮＨＫドキュメンタリー変声期」。「何それ?」「えっ!　そんな古いものまだ使ってるの!?」「骨董品!!」と様々な声が聞こえてきそうです。これは,昭和35年からの３年間,変声前の二人の男の子と三人の女の子の声の移り変わりを録音した貴重な音声資料です。私自身,中学生のときに聴いた記憶があり,特に古庄紋十郎という名前は強烈に残っています。今の生徒の記憶にも,この名前が残るようです。

　男の子二人の記録をメインに聴かせ,ワークシート(p.64参照)には録音の日付と変化の様子を簡単に書かせます。古庄くんが,昭和35年４月から昭和36年５月までの約１年をかけて変声していくのに対して,もう一人の今野真一くんは,わずか４か月で変声します。そして,今野くんの高声部を４月に,中声部を８月に,低声部を12月に録音したものを同時再生した「一人三重唱」を聴かせた瞬間,生徒の目が一段と大きく開き「え～っ!!」「すごい!!」と声をあげます。映像時代の今の生徒たちにとって,音声のみのこの資料は退屈するどころか,より聴くことに集中させることができ,声に対しての興味を引き上げることができます。

　そして,身体の成長とともに声帯が長く伸びることにより,音域が低くな

Ⅲ章　生徒が本気になる！おすすめ授業ネタ＆評価アイデア

ることを弦楽器をたとえにして説明します。特に約1cm伸びる男子については「小学生の頃のヴァイオリンサイズだった声帯が，変声によってコントラバスサイズになるんだよ！」と言います。

　また「女の子は，約3～4mmの伸びなので，声の高さはあまり変わらないけど，声音にうるおいや艶が出てきます！」と言ってやります。時間があるときは，「ＮＨＫドキュメンタリー変声期」の三人の女の子の13歳のときと15歳のときの録音を聴かせます。

④　大切にしてほしいこと

　最後に今の自分の変声状態に目を向けさせますが，女子のほとんどが「分からない」と答えます。男子ですら改めて声の変化について目を向けないと気付かないのですから，女子は分からなくて当然です。ただ，成長期における身体の変化を知り，それにも個人差があることを知ることは，とても大切です。

　最後に私から次のようなメッセージを贈って授業を終えます。

◎　**声が出にくく周囲と音程も合いにくいですが，歌おうという気持ちを一番大切にしてください。**
◎　**病気じゃないので気にしないでください。**
◎　**音程が合わない人をからかわないでください。**

　写真は，1年生のソプラノのパート練習です。変声への理解をすることによって，変声前の男子がソプラノパートに交じって歌うことに対する抵抗も少なくなります。

変声期

生徒番号	
氏　名	

♪声をつくっているところはどこ？

せいたい
声帯

☆ポイント
①声帯は伸び縮みするゴムのような振動帯だよ。
②肺から送られる空気が声帯を振動させるんだよ。
③声帯で作られる音は，つやも響きもない「ブォー」という弱い音なんだよ。

♪2人の男子の声変わりを聞いてみよう。

古庄紋十郎くん		今野真一くん	
記録日	声の変化（メモ）	記録日	声の変化（メモ）
昭和　年　月　日 ⇩ 　　　　月　日 　　　　月　日 　　　　月　日 　　　　月　日 　　　　月　日 　　　　月　日 昭和　年　月　日 ⇩ 　　　　月　日		昭和　年　月　日 ⇩ 　　　　月 　　　　月　日	
		一人三重唱	感じたこと・・・
		高音部　　月　日 中音部　　月　日 低音部　　月　日	
【2人の声の変化を聞いて感じたこと・思ったこと・・・】			

♪男子の声帯は，約 ☐ cm伸びる。女子の声帯は ☐ ～ ☐ mm伸びる。

♪女子は・・・？ ⇒ ☐

♪今のあなたの声は・・・？　　A．変声前だと思う。　　B．変声真っ最中だと思う
　　　　　　　　　　　　　　C．変声後だと思う。　　D．わからない。

題材 2　推進力を感じるフレーズ
フレーズをつくるためには何を意識しなければならないの？

授業の流れ
(全3時間)

学習活動	教師の支援
・ストレッチ＆発声をする。 ・既習曲を歌う。 ①フレーズを理解し「夢の世界を」のフレーズのまとまりを考える。 ②フレーズを大切にして歌うためには何が大切（必要）かを考える。 ・フレーズを大切にしながら歌う。	・発声からの流れを大切にして、歌おうという雰囲気をつくる。 ・歌詞を何通りかの区切りで示し、それを音読させたり歌わせたりしながら流れのよい区切りを考えさせ、フレーズを理解させる。 ・フレーズを大切にしてたっぷり歌うためには何が大切かを、長旅の準備にたとえて気付かせる。 ・フレーズの前の「歌おうという心構え」と「たっぷりした息」が大切なことを気付かせる。 ・「さあ〜」の前は勢いを感じながら歌わせる。そのために、ピアノ伴奏やメロディの上昇音形を飛行機の上昇にたとえて示す。 ・フレーズを感じ、フレーズ前の準備を意識させながらのびのびと歌わせる。

教材：「夢の世界を」（芙龍明子　作詞／橋本祥路　作曲）

① フレーズって？

　私たち音楽をやっている者は、フレーズ（phrase）という言葉をよく使いますが、生徒にとって意外と馴染みのある言葉ではありません。「フレーズ

って聞いたことありますか？」「フレーズって何ですか？」という質問に対して，小学校でしっかり教えられてきた（!?）生徒はさっと手を挙げますが，それはそれは非常に少ない人数です。

　フレーズを言葉で説明すると，「旋律と旋律とのひと区切り」とか「旋律の自然なまとまり」が一般的でしょう。しかし，生徒はこの説明で「なるほど！　納得！」と首を縦に振るでしょうか。

　フレーズを理解させるために歌詞を何通りかの区切りで示し，歌詞をその示した区切りで区切りながら（ブレスをさせながら）音読させたり，歌わせたりしながら流れのよい区切りを考えさせます。

> ほほえみか／わして／かた／りあい／
> お／ちばを／ふん／であるい／たね

> ほほえみ／かわし／てかた／りあい／
> おち／ばを／ふんで／ある／いたね

> ほほえみ／かわして／かたり／あい／おちばを／ふんで／あるいた／ね

> ほほえみかわして／かたりあい／おちばをふんで／あるいたね

> ほほえみかわしてかたりあい／おちばをふんであるいたね

②　フレーズは旅

　フレーズを大切に歌うということは，そのフレーズのまとまりと流れを感じながら，そのまとまりが崩れない歌い方をするということです。そのためには，一つのフレーズをワンブレスで歌うか，ブレスをしたとしてもできるだけ切れないように素早くブレスをすることです。

私は，フレーズの歌い方を長旅にたとえて生徒に気付かせます。「来週から4日間，車で旅をします。出発する前にどんな準備をしますか？」すると生徒からは「着替え」「お金」「ガソリン満タン」などの反応がきます。「ガソリン満タン」の反応がなかったら，何とかそれが出るように質問を重ねます。「そう，車を快適に走らせるためには，ガソリン満タンは大切だね！途中，ガス欠になって止まってしまったら大変です。では，この4日間の旅を4小節のフレーズに置き換えると，ガソリンは何だろう？」と言って，たっぷりした息が必要なことに結び付けていきます。

　また，「旅をする前の準備は，着替えやお金やガソリンなどの物だけでいいのかな？」と問いかけ，「出発前の心構えと体調管理」を引き出し，「歌う前の心構えと体の構え」も大切であることに気付かせます。

　そして，「出発する前や出発した瞬間に，目的地に早く着きたくて気持ちがワクワクしたり，気持ちはもう目的地だ！みたいにウキウキしたりするよね。気持ちがどんどん前に進むって感じ。それと同じで，音楽のフレーズも始まりから終わりに向かって，進むエネルギーがあるんだよなぁ」と言ってうまくフレーズを歌うためには，その推進力を感じることが大切であることを話しながら，歌わせていきます。

③　次のフレーズへの推進力

　さらに，後半の「さあ出かけよう」と「さあ語り合おう」の「さあ」は誘いや決意を表す言葉であり，強弱も f が要求されています。この「さあ」をしっかりのびのび歌わせるために，「さあ」に入る前の歌い方が大切であることに着目していきます。「さあ」の1小節前にはクレシェンドの指示がありますが，ピアノ伴奏やメロディの上昇音形に着目させて，さらにそれを飛行機の離陸や上昇にたとえて話をし，「さあ」に向かう推進力を感じさせながら歌わせていきます。

題材3 声の成長・変化・不思議再発見
同声合唱，混声合唱……声の組み合わせは自由自在！

授業の流れ
(全1時間)

学習活動	教師の支援
・ストレッチ＆発声をする。 ・既習曲を歌う。 ①自分たちが歌った「夢の世界を」の7月上旬と10月下旬に録音した演奏を聴き比べる。 ②いろいろな声部の重なりで合唱をする。 ・今日の学習を振り返る。	・ブレストレーニングでは喉頭の動きを意識させながら行う。 ・聴いて感じたことや発見したことを発表させる。 ・上手，下手ではなく，混声合唱としての響きや安定感の違いを感じさせる。 ・男子を裏声で歌わせたり，女子を1オクターブ低く歌わせたり，何通りかの組み合わせで歌わせて，声の変化や高さを再認識させる。 ・同声と混声による違いを感じさせる。 ・感想を発表させる。

教材：「明日という大空」（平野祐香里 作詞／橋本祥路 作曲）

① 声の再認識

　この授業は，1年生の3学期の1月に行います。5月に変声期の授業を行い，あれから約8か月後，声の不思議について再発見させ，自分たちの声の成長・変化を実感させ，歌うことへの意欲をより引き上げていきます。
　まず，自分たちが歌った「夢の世界を」の7月上旬と10月下旬に録音した演奏を聴かせます。7月の録音を聴いて，くすくす笑いが起きます。感じたことや発見したことを問うと「7月は音程が合ってなくて下手！」「なんかそろってない！」など上手，下手のほうに聴き方が偏ります。そこで，「いっぱい練習したあとの10月の演奏のほうが下手だったら悲しいよね。上手，

下手という聴き方じゃなくて,違う視点で聴けた人いないかな?」と投げかけます。しかし,なかなか反応が返ってきません。「それじゃあ男女の声に視点を絞ってもう1回聴いてみよう!」と言って聴く視点を絞ります。すると「男子がしっかり歌うようになって,パワーを感じた」「女子と男子の声がなんかくっきりした感じに聴こえた」などの反応が返ってきます。男子の声が安定していることに気付かせ,混声合唱としての響きや安定感の違いを感じさせます。

② 男子がソプラノ!? 女子がテノール!?

　生徒たちは,入学したての初々しい頃に「明日という大空」を歌っています。「この曲を歌った頃は,みんなまだ若かったねぇ!」などとジョーダン混じりで導入し「久しぶりに歌ってみるか!」とけしかけます。全員ユニゾンで歌い始めると,どことなく懐かしさを感じ合っている表情とともに,けっこうしっかり歌えることに満足げな表情を浮かべてきます。そこで「声の不思議再発見!」と言って,男子はそのままの音域で,女子は1オクターブ低く歌わせます。「はっ!? どういうこと!?」「何させる?」という雰囲気のなか歌い始めると,女子の男子っぽい歌声に驚きの表情!! そのあと,次の声の組み合わせで歌わせて,声の成長や変化,不思議さを実感させます。

A	男子そのまま,女子1オクターブ低く(←男声のように聴こえます)
B	女子そのまま,男子1オクターブ高く裏声で(←女声のように聴こえます)
C	女子1オクターブ低く,男子1オクターブ高く裏声で(←男女逆転の混声に聴こえます)
D	女子のみで,半数はそのまま,半数は1オクターブ低く(←通常の女声二部に聴こえます)
E	男子のみで,半数はそのまま,半数は1オクターブ高く裏声で(←微妙です(笑)!)

「明日という大空」より

　生徒たちの関心をうまく引き出せたときは，女子から「男子はもっときれいに女子っぽく歌ってよ！」とか，男子から「アニメの声優の男役のようにもっとかっこよく声出せよ！」などと声色にこだわる声が飛び交い，声を追求する姿が生まれます。さらにうまく引き出せたときには，裏声できれいに歌える男子代表と，かっこよく安定したテノールの音域で歌える女子代表による男女逆転二重唱が聴けたりすることもあります。
　このような経験をさせておくことは，2・3年生の合唱活動において，男声の弱い部分をアルトにカバーさせたり，アルトの弱い部分を男声の裏声でカバーさせたりすることへの抵抗感を弱めることにつながっていきます。

題材 4　2拍3連の魅力

なぜ2拍3連符なの？リズム自体がもつ雰囲気を感じて歌おう！

授業の流れ
(全3時間)

学習活動	教師の支援
・ストレッチ＆発声をする。 ・既習曲を歌う。 ・「マイバラード」を印象付けている部分について考える。	・発声のポイントを明確にし，息の流れを意識させながら歌わせる。 ・この曲を印象付けている部分を一人一人に考えさせる。その際，どうしてそう感じるのか理由も考えさせる。 ・音楽の面からとらえるよう「ラ」で歌わせる。
・印象付けている部分とそう感じる理由を発表する。	・全体で発表し合い，意見を共有する。 ・印象付けている理由をリズムに絞っていく。
①リズムの違いによる雰囲気の違いを感じ取る。	・「心燃える歌が……」の部分を違うリズムで歌わせて，2拍3連符のリズムが生み出す特徴を感じ取らせる。
②2拍3連符が使われている別の曲を聴き，このリズムが生み出す雰囲気を感じ取らせ，この2曲の2拍3連符から共通に感じる言葉を探る。 ・「マイバラード」を合唱する。	・さらに「宇宙戦艦ヤマト」の歌を聴かせ，かっこよさや力強さ，躍動的な雰囲気を感じ取らせる。 ・2拍3連符を意識して歌わせる。

教材：混声三部合唱「マイバラード」（松井孝夫 作詞／作曲）
　　　「宇宙戦艦ヤマト」メインテーマソング（阿久悠 作詞／宮川泰 作曲）
　　　「昴」（谷村新司 作詞／作曲）

①　揺さぶり

「この曲を印象付けている部分は？」と問うと，最初は歌詞の面から考え

ようとします。「みんなで歌おう（語ろう）」「心をひとつにして」「仲間がここにいるよ」「僕らは助け合って」「届け愛のメッセージ」などの部分が上がってきます。確かに生徒たちの心に響くかっこいい言葉がいっぱい散りばめられています。そこで，音楽の面での印象に目を向けさせるよう「全部ラで歌ってみようか！」と投げかけ，何度か歌詞抜きで歌わせたあと考えさせます。すると「心燃える歌が……」のリズムの変化や「きらめけ世界中に……」の音の跳躍や音の広がりに気付き始めます。

　そして，リズムに的を絞って「心燃える歌が……」の部分を追求していきます。この部分を次のようなリズムで歌わせます。

「マイバラード」より

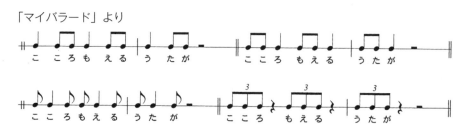

　歌ったあと生徒たちからは「何かどんくさい！」「ぎこちない！」「そこまでの流れが途切れてしまう！」「かっこ悪い！」などの意見が出ます。「それじゃあ，もとのリズムに戻して歌ってみよう！」と歌わせると「ああすっきりする！」「やっぱりこれじゃないと！」「このほうがかっこいい！」などの反応が返ってきます。「これまであまり深く考えず，何気なく歌っていたでしょ。ここのリズムをよく見てごらん！　あまり見慣れない書き方のリズムだね。このリズムは，２拍の中で３つ歌う２拍３連符といいます。みんなは，この曲を印象付けているのは，このリズムであることに気付きました。さて，もうちょっと突っ込んでこのリズムからみんなは何を感じますか？」とレベルを上げて投げかけます。そして，この部分を繰り返し歌わせて，生徒たちの感じているものを言葉にして引き出していきます。

　しかし，感じているものを言語化することは，大人でも難しいものです。そこで，さらなる揺さぶりとしてあの名曲を聴かせます。

Ⅲ章　生徒が本気になる！おすすめ授業ネタ＆評価アイデア

②　あの名曲

　２拍３連符が使われている名曲と言えば，あの名作「宇宙戦艦ヤマト」のメインテーマソングです。「♪さらば～宇宙よ～旅立つ船は～宇宙戦艦……ヤ～マ～ト～」1974年（昭和49年）にテレビ放送されたテレビSFアニメ。当時９歳だった私は，将来，宇宙戦艦ヤマトの乗組員になることを本気で夢見ていました（笑）。

　もう40年も前の作品ですが，今の生徒たちにもまだ通用するネタです。生徒たちにこの曲にも使われていることを伝え聴かせます。「マイバラード」と「宇宙戦艦ヤマト」この２曲の２拍３連符から共通に感じる言葉を引き出します。その言葉は「かっこいい」「力強い」です。

　さらに時間があるときには，谷村新司作詞・作曲の「昴」を聴かせます。これまた1980年（昭和55年）私が中学３年生のときに生まれ大ヒットした昭和の名曲です。この曲の最後のフレーズ「♪さらば～すばるよ～」が絶対印象に残る曲です。この曲はさすがに知らないだろうと思って聴かせると，意外にも生徒たちは知っています。「何で知ってるの？」とたずねると「お父さんがカラオケで歌ったのを聴いたことがある！」だそうです。お父さんに感謝申し上げます（笑）。

「宇宙戦艦ヤマト」より

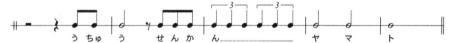

「昴」より

題材 5	声の重なりとピアノが織りなす合唱
	ピアノ伴奏は何を表現している？ピアノ伴奏から合唱の深まりを！

授業の流れ

(全3時間)

学習活動	教師の支援
・ストレッチ＆発声をする。 ・既習曲を歌う。 ①「大地讃頌」の後半からのピアノ伴奏に着目し，何を表現しているか考える。	・ストレッチでは，ほぐすポイントを示すことにより，歌唱にとって全身をほぐす意図を理解させる。 ・2か所に絞って考えさせる。 ・ピアノ伴奏のリズムパターンを変えたり，両手での演奏，右手・左手だけの演奏を聴かせたりすることで，よりイメージを深めさせる。 ・大地のエネルギーやその躍動感をピアノが表現していることを感じさせ，気付かせる。 ・ピアノの表現を理解し感じることにより，より合唱の表現が深まっていくことに気付かせる。
・通して合唱する。	・ピアノとともに音楽をつくっていることを意識させながら歌わせる。

教材：混声四部合唱『大地讃頌』（大木惇夫 作詞／佐藤眞 作曲）

① 大地のエネルギー

　名曲中の名曲であり，多くの日本人に愛唱されている「大地讃頌」。混声四部合唱の醍醐味を感じることのできる曲として中学生にも大人気の曲です。
　この曲は，オーケストラと混声合唱のために書かれた曲で，のちになってピアノ伴奏に編曲されました。オーケストラ伴奏の繊細かつダイナミックな

Ⅲ章　生徒が本気になる！おすすめ授業ネタ＆評価アイデア

表現は，ピアノ伴奏においても健在で，聴き劣りすることはありません。従って，この曲を中学生に歌わせるとき，私はピアノ伴奏が奏でている表現に目を向けさせます。

　冒頭から終わりまでを考えさせる時間は到底ないので，２か所に絞ります。一つ目（Aとします）は間奏後の27小節目３拍裏「平和な〜」から35小節目「たたえよ〜土を〜」まで。二つ目（Bとします）は43小節目３拍裏「母なる〜」から49小節目「たたえよ〜ほめよ〜」までです。

　Aは，それ以前の伴奏パターンとは変わり，右手が裏打ちで和音を奏で，左手が優しく静かにオブリガートを奏で始め，32小節目からはクレシェンドを伴って朗々と歌うように奏でます。まず，この部分の右手を表拍にして弾いて歌い比べてみます。すると「どんくさい！」「なんかその場で止まっているように感じる！」「右手左手が違うほうがなんかドキドキ感がある！」などの声が上がります。そしてさらに，左手だけを弾きます。合唱の「平和な〜大地を〜静かな〜大地を〜」の平坦なメロディラインに対して，ピアノ伴奏の左手は，４分音符で音が高低します。この動きの対比からピアノ伴奏の左手は何を表現しているのか問います。かなりハイレベルな問いなので，なかなかうまく引き出せないことがしばしばですが，「地上は平和で静かだけれど，その下では地球のエネルギーがうごめいている感じを左手で表現している」といった返答を期待します。

　Bは，右手の和音がそれ以前の高低の動きから一変して，平たい動きに変わり，加えて１小節ずつ和音が変化し，クレシェンドしていきます。１小節ずつ全音符にして両手で和音を弾いて聴かせます。はじめ暗めの不安そうな和音が，だんだん明るく広がりを感じる和音に変わっていくことに気付かせたいです。そして，和音とクレシェンドが表現していることは何かを問いかけます。これもなかなかハイレベルな問いなので，すんなりとは引き出せませんが，「新たな１日の始まり！」「朝日が昇る光景！」「地球の中心から湧き出るエネルギー」といった返答を期待します。

題材 6 詞を自分たちの思いに
外国の歌の日本語訳をつくって，より詞の思いに近づいて歌おう！

授業の流れ　　　　　　　　　　　　　　　　　　　　　　　（全4時間）

学習活動	教師の支援
・ストレッチ＆発声をする。 ・「'O sole mio」を歌う。 ・前時話し合った後半部分の表現について数グループ発表する。	・歌唱の復習では表現はつけさせず，しっかりとした声と発音で歌わせる。 ・言葉で表現された音楽表現を教師が歌ってみせたり，生徒に歌わせたりしながら，言葉だけの伝え合いにならないようにする。
①後半部分について学級全体での表現をつくる。	・後半最初の「Ma n'atu sole」の歌詞の思いの強さ，中間の「'o sole 'o sole mio」部分のメロディの音の変化に気付かせる。 ・言葉だけのやりとりにならないように歌ってみせたり，歌わせたりする。 ・拡大楽譜に記号や言葉を書き込み，視覚的にとらえやすいようにする。
・統一した表現をもとに学級全体で歌う。 ・数人が独唱する。	・強弱の変化などがしっかり歌唱表現できるようピアノ伴奏もそれに付随して弾く。 ・どういう点を表現したいか，また聴いてほしいか問いかけたのち歌わせる。

教材：「'O sole mio」（ジョヴァンニ・カプッロ　作詞／エドゥアルド・ディ・カープア，アルフレード・マッズッキ　作曲）

① 自分たちで訳す

「'O sole mio」とは日本語で「私の太陽」と訳され，その歌詞は「太陽の

輝きは素晴らしい。しかし，太陽よりも一層美しく輝かしいのは君だ！」と愛する人を想う気持ちをストレートに表現しています。前半は流れるようなメロディで太陽の輝きを賞賛し，後半は音域も高くなり，想う人への気持ちを熱く表現しています。歌詞の内容とそれに付けられた音楽表現（メロディ）が絶妙であり，生徒の音楽的な感受の深まりと歌唱表現の高まりが期待できるおすすめの教材です。

　ここに挙げた指導展開は，４時間計画のラストの時間です。それまでの取り組みを紹介します。

　学習形態は，私が意図的に編成した４〜５人ずつのグループで行います。各グループには「しっかり歌える生徒」「歌声のボリュームは大きくないが，音楽に高い興味・関心をもっている生徒」「発言を活発に行う生徒」が必ずいるように編成します。

　導入では既習曲である「Santa Lucia」，「Torna Surriento」の何人かの演奏をＣＤで聴かせ，演奏者の解釈や思いの違いによって表現の違いや表現の幅の広さが生まれてくることを感じ取らせます。

　そして私による「'O sole mio」の範唱を聴かせたのち，ナポリ語の読み練習，リズム唱，歌唱へと展開していきます。楽譜は，強弱や速度変化を表す記号などがまったく記載されていないものを渡し，私による範唱もまったく強弱や速度の変化をつけずに行います。

　次に，ただ声を張り上げて歌うだけでなく，歌詞への思いを深めさせるために，ナポリ語の単語の意味をもとに歌詞の日本語訳をグループごとにつくらせます。（ワークシート p.79〜81参照）。ナポリ語の単語の意味は，私がつくった「'O sole mio」にある単語だけの「ナポリ語ミニミニ辞典」で調べさせます。グループで「ああだこうだ！」と言い合いながらつくらせ，次にグループごとに発表させたのち，全体で一つの日本語訳を完成させます。

　そして，完成した日本語訳をもとにグループごとで音楽表現を工夫させていきます。「太陽よりも一層美しく輝かしいのは君だ！」なんて中学生には恥ずかしく，いやいや私も恥ずかしい（笑），この非日常的な熱い歌詞も自

分たちの言葉で訳すことで，詩の思いを自分たちの思いに少しでもリンクさせていけます。こうすることによって曲に向かう姿勢も変わり，歌唱表現にも深まりが生まれ始めます。

　音楽表現の工夫は，後半の「Ma n'atu sole」からに絞り，また「強弱」にポイントを絞って考えさせます。さらに歌詞やメロディから感じる表現の「ニュアンス」を簡単な言葉（たとえば，「やさしく」「熱く」「輝かしく」など）で表現させ，グループごとにワークシートに書かせます。

　そして，書き込んだことをもとに強弱とニュアンス，その理由とともにグループごとに発表させます。その際，言葉で表現された音楽表現を私が歌ってみせたり，生徒に歌わせたりしながら進めていきます。

②　思いを表現へ

　後半最初の「Ma n'atu sole」の歌詞の思いの強さ，その先の「'o sole 'o sole mio」部分のメロディの音の変化に気付かせ，この２つの部分について深く追求していきます。「mf？　それともf？」「何でfにしたい？」「この歌い方でニュアンスが伝わる？」「今のどうだった？」「fはfでもどれくらいのf？　もう一回歌ってみようか！」「歌詞の思いが伝わるのはこっちの表現かも!?　みんなはどう思う？」などと学級全体でやりとりしながら統一した音楽表現を求めていきます。ときには「もっとためて歌いたい！」とか「ここを軽く延ばしたい！」みたいに思いを音の長さで求めようとする生徒が現れます。統一した表現は，全員が視覚的にとらえることができるように拡大楽譜に記号や言葉で私がどんどん書き込んでいきます。完成した楽譜をもとにどんどん歌わせて歌唱表現へとつなげていきます。

　最後に一人で歌いたい，表現したいという生徒が出ると最高です!!

ナポリ語ミニミニ辞典

生徒番号 ☐
氏　名　☐

これは「'O Sole mio」の歌詞にある単語の日本語訳集です。
これをもとに「'O Sole mio」の日本語訳をつくってみよう!!

ナポリ語 ⇨	イタリア語 ⇨	日本語
che	che	何という，何と，
bella	bella	美しい，綺麗な，快晴な，うららかな，立派な，善良な，有利な，すばらしい，上品な，やさしい
cosa	cosa	物事，事柄，事態，事情，事実
'na	una	ある，一つの，一人の
iurnata'	giornata	日，一日間，昼間，日程
e	di	～の
sole	sole	太陽，日光，日
n'aria	un'aria	空気，大気，空間，様子，態度，表情
serena	serena	晴れた，雲一つない，穏やかな，晴れ晴れとした
doppo	dopo	～の後ろに，～の次に，～に続いて
tempesta	tempesta	暴風雨，嵐，騒ぎ
pe'	per	～に，～の方向へ，～のために
ll'aria	l'aria	空気，大気，空間，様子，態度，表情
fresca	fresca	新鮮な，涼しい，新しい，すがすがしい
pare	pare	～みたい，～のようだ，～のように思える
gia	gia	すでに，もうすでに，以前，かつて
festa	festa	祝い，祭り，祝祭日
ma	ma	が，しかし，けれども
n'atu	un altro	他の，別の，異なった，もう一つの
cchiu	piu	より多くの，もっと，より以上に，～よりも，一層
bello	bello	美女，愛人，婚約者
ohine	non c'e	ここにある
'o	il	この，あの，その
mio	mio	私の
sta	sta	ある，存在する，居る
'nfronte	in	～の中に
	fronte	額，正面
a	a	～に，～へ，～で，～において
te	te	あなたを，あなたに，あなた

あふれる思いを表現へ！

生徒番号	氏名		班

1．まずはグループで単語の意味を探り，日本語訳をつくろう!!
（文法は分からなくても，単語の意味とそれぞれの感性を頼りに詩的な表現を求めよう！！）

<pre>
     ケ   ベッラ   コーザ   ナ   イウルナタ   エ   ソーレ
     Che   bella   cosa   'na   iurnata'   e   sole
</pre>
〔　　　　　　　何と美しい太陽の輝きよ　　　　　　　　〕

<pre>
     ナリア   セレナ   ドッポ   ナ   テンペスタ
     N'aria   serena   doppo   'na   tempesta
</pre>
〔　　　　　　　　　　　　　　　　　　　　　　　　　〕

<pre>
     ペ ラリア   フレスカ   パレ   ジア   ナ   フェスタ
     Pe' ll'aria fresca   pare   gia   'na   festa
</pre>
〔　　　　　　　　　　　　　　　　　　　　　　　　　〕

<pre>
     マ   ナトゥ   ソーレ   キゥ   ベッロ   オイネ
     Ma   n'atu   sole   cchiu   bello   ohine
</pre>
〔　　　　　　　　　　　　　　　　　　　　　　　　　〕

<pre>
     オ   ソーレ   ミーオ   スタ   ンフロンテ   ア   テ
     'O sole   mio   sta   'nfronte   a   te
</pre>
〔　　　　　　　　　　　　　　　　　　　　　　　　　〕

2．次はグループの意見を伝え合って，学級全体で一つの日本語訳をつくろう!!

3．学級全体でつくった訳やメロディ（音）から感じることをもとに B からの表現（強弱・ニュアンス）を考えて書き込んでみよう!!　まずは個人で・・・

（次のページへ）

Ⅲ章　生徒が本気になる！おすすめ授業ネタ＆評価アイデア

4．次は個人の意見を伝え合って，グループで一つの表現をつくろう!!

5．グループの表現を伝え合って，学級全体で一つの表現をつくって歌おう!!

題材 7

音楽の食材は？

ハンバーグの旨みは何の食材から？では，音楽の味わいは何から？

授業の流れ (全2時間)

学習活動	教師の支援
①ハンバーグの材料と音楽の材料を考える。	・ハンバーグの材料を問い，音楽もいろいろな材料でできていることを気付かせる。 ・音楽を聴くときは，それら一つ一つの材料に耳を傾けることで，その曲の特徴やよさを感じることができることを伝える。
②「春」第1楽章をA〜Eのソネットごとに聴いて，情景やイメージを想像する。そしてそれは音楽の何からそう感じたのか考える。	・曲名とソネットは伏せて聴かせる。 ・ソネットごとに区切って何回か繰り返し聴かせる。 ・1回目に聴くときは，演奏全体をとらえて，浮かんできた情景やイメージを大切にさせる。 ・2回目以降は，なぜそう感じたのかを音楽の材料から考えるように促す。 ・それぞれに何人か発表させ，他の人のとらえを知らせる。

教材：「和声と創意への試み」第1集「四季」から「春」第1楽章（アントニオ・ヴィヴァルディ　作曲）

① ハンバーグの材料は？音楽の材料は？

　中学1年生の1学期，中学生になって初めての鑑賞授業は，いきなり「味わう」という言葉から入っていきます。中学生にとって味わうという言葉は，食べ物に対する感覚で使う言葉です。しかし，この言葉は「詞を味わう」

「音楽を味わう」とも使います。

　そこでまず，大スクリーンに美味しそうなハンバーグの写真と五線と音符がデザインされた写真を並べて見せます。「味わうのはどっちですか？」と単刀直入に問うと，「ハンバーグ！」とすぐ反応があります。「そうだね！でも音楽を味わうって聞いたことない？」すると「聞いたことあるけど，よく分かりません！」と返ってきます。「そうかぁ。みんなはまだ『音楽を味わう』ってピンとこないと思うけど，音楽も食べ物と同じで味わえるんですよ！」「？？？」な顔の生徒たち。「ハンバーグ美味しいよね。ハンバーグの美味しさって，ハンバーグができているいろいろな材料同士の味が絶妙に調和してあの味が出るんだよね。では，ハンバーグの材料は何ですか？」と問いかけ「ひき肉・玉ねぎ・パン粉・卵・塩コショウ・油」とどんどん声が返ってきます。中には「ニンジン！」「チーズ！」「納豆！」という声もあります。

　次に「では，音楽の材料は何かな？」と問うとなかなかピンとこないようです。そこで，ピアノの前に行き，「これとこれは何が違う？」と言って「きらきら星」のワンフレーズをゆっくり弾いたり，速く弾いたりすると「あっ！　速さ！」と気付きます。さらに p, mf, ff で弾いて強弱に気付かせ，1オクターブ低く弾いたり，2オクターブ高く弾いたりして高さに気付かせ，ある音をフェルマータにして長さに気付かせ，リコーダーで吹いて音色に気付かせ，付点で弾いてリズムに気付かせ，短調にして弾いて和音に気付かせていきます。このようにして音楽の材料に気付かせます。

②　情景，イメージ……それはどの材料から？

　「春」第1楽章を A〜E のソネットごとに聴かせて，情景やイメージを想像させます。そして，それは音楽の何（材料）からそう感じたのかを考えさせます（ワークシート p.85参照）。
　曲名を言わず，A を聴かせます。「この曲聴いたことある人？」とたずね

るとほとんどの生徒がさっと手を挙げます。「じゃあ，曲の名前を知っている人？」とたずねると曲名を知っているのは，クラスに一人または二人です。「曲名を知っている人は，この曲名にそった情景やイメージでもいいし，曲名はリセットして，新しい発想で情景やイメージを浮かべてもいいです」と言って始めます。
　「これから1回目に聴くときには，演奏全体を聴いて情景やイメージを思い浮かべるようにしましょう。2回目以降聴くときは，なぜその情景やイメージが浮かんできたのかを音楽の材料から考えるようにしましょう。ただし，1回目聴いて何も浮かんでこなかった人は，2回目以降も難しく考えず，情景やイメージを思い浮かべることに集中しましょう」と言ってやります。そして次の音楽へ行く前に何人かに発表させ，他の人の情景・イメージが音楽の何から感じたのかを伝え合います。
　途中に演奏されるAのつなぎの部分は省いて，A〜Eを単品のようにして聴かせますので，A〜Eで一つの物語になる生徒もいれば，一つ一つ独立したイメージになる生徒もいます。そして，音楽の材料になかなか耳がいかない生徒もいますが，他の生徒のとらえを聞いて「あぁ！　そういうことなんだ！」と気付き，徐々に材料を探ろうとする姿が見られ，記述も増えていきます。

　音楽を味わえるようになるまでには，まだまだたくさんの音楽と出会わせなければいけません。しかし，音楽の材料に気付かせ，音楽の聴き方の一つとしてヒントを与えることは大切であり，それがいずれ味わいへと結び付いていくことを期待しています。
　本校では，この授業の数週間後に1年生が家庭科の調理実習でハンバーグを作ります。おそらく生徒たちは，音楽の材料も思い浮かべながら作っていることでしょう！

Ⅲ章　生徒が本気になる！おすすめ授業ネタ＆評価アイデア

音楽の材料って何？

生徒番号	氏名

Q1　ハンバーグって何からできているの？

Q2　音楽って何からできているの？

♪聴く　➡　感情の揺れイメージ

Q3

	A～Eの音楽を聴いて，どんな情景（イメージ）が浮かんできましたか？ 浮かんだ情景（イメージ）	それは，音楽をつくっている材料の何からそう感じたのでしょう？ そう感じた理由
A		
B		
C		
D		
E		

コラム
音楽の扉が開く……恩師に感謝！

　私が小学生だった頃の夏休みの宿題といえば，一人一研究，読書感想文，日記（低学年は絵日記），さらに学年によっては教科のワークみたいなものもありました。野球大好き少年だった私は，天気さえよければ友達と学校の校庭に行き，日が暮れるまで野球をしていたので，当然宿題はあとまわし。そして，楽しかった夏休みのラスト３日に苦悩を味わうという毎年でした。

　忘れもしません，小学３年生の夏休み。普段から読書嫌いだった私は，本は買ってもらったものの表紙を開く気持ちになれず，夏休みの最終日に至っても１ページも読んでいませんでした。そこで私がとった策は，読書大好きの２歳上の姉に書いてもらうことでした。姉はすでにその本を読んだことがあり，２時間ほどですらすらと書いてくれました。後日，その感想文が，先生の目に留まり，学校代表に選ばれそうになったときにはあわてました（笑）。

　読書が大嫌い，従って音読も苦手で一字一句を詰まりながら読み，さらに人前でしゃべるのが大の苦手で，覚えたセリフも詰まり詰まりという少年でした。もちろん挙手をすることも大の苦手。そんな少年が今こうして人前でしゃべる仕事をしているとは驚きです。

　私が人前でしゃべる（表現する）ことを苦手としなくなっていったのが，中学時代の音楽との出会いであり，音楽の先生との出会いです。学級の仲間と本気になって取り組む合唱，表現することの素晴らしさを教えていただいた担任兼音楽の先生。そして，たくさんの楽器の音色が織り重なってつくり上げられる吹奏楽の繊細かつ壮大な味わいを教えていただいた吹奏楽部の顧問の先生。

　私はお二人の先生にあこがれて音楽の教師になることを決意しました。野球大好き少年，おしゃべり大苦手少年だった私の心を音楽で揺さぶり，私の心の中の音楽の扉を開いていただいたお二人の恩師に感謝・感謝・感謝です！

　私は今，一人でも多くの生徒の心の中にある音楽の扉を開けられる教師になりたいと思いながら勤めています。それは，決して音楽の教師になってほしいということではありません。一生涯，音楽を身近におきながら生きてほしいと願っているのです。

Ⅲ章　生徒が本気になる！おすすめ授業ネタ＆評価アイデア

題材 8

8分休符に込められた思い
名曲「運命」冒頭の2小節からベートーヴェンの思いを探ろう！

授業の流れ　　　　　　　　　　　　　　　　　　　　　　　　（全2時間）

学習活動	教師の支援
・前時の復習をする。	・ベートーヴェンの苦悩の人生と音楽に対する熱い思いに寄り添わせる。
①第1楽章冒頭の第1主題をアルトリコーダーで吹き，8分休符の有無での演奏の違いを感じる。	・E♭の指使いを確認する。 ・8分休符の有無による違いが感じ取れるよう，手拍子や指揮をしながら繰り返し演奏させる。
②指揮をし，8分休符の有無での演奏の違いを感じる。	・8分休符の有無による違いが感じ取れるよう，予備拍と1拍目を明確に振らせる。
③指揮者：佐渡　裕の指揮を見る。	・エネルギーのこもった振りを感じさせる。
④ベートーヴェンの8分休符への思いをグループで話し合う。	・すべての感じ方や意見を尊重する。 ・発表させ，感じ方や意見を共有させる。

教材：「交響曲第5番ハ短調」（ルードヴィッヒ・ヴァン・ベートーヴェン 作曲），ＤＶＤ「佐渡　裕の音楽夢大陸」

①　「♪ダダダダーン」!?「ダダダダーン」!? 吹いて感じる

　第1楽章冒頭の主題をアルトリコーダーで吹かせます（ワークシート p.90～91参照）。まずはE♭の指使いを全体で確認し，個人練習をさせます。生徒には耳慣れたメロディなので，どんどん自分たちで練習します。

　指が慣れてきたところで，（**A**）「♪ダダダダーン」と（**B**）「ダダダダーン」を私の指揮に合わせて吹き比べさせます。（**B**）はすんなり合わせて吹けますが，（**A**）は手こずります。生徒たちにとって前奏もなくいきなり出

だしが休符というのは馴染みがなく，どう出ればいいのか分かりません。そこで，リコーダーを口からはずして，息で練習させます。指揮の予備拍で息を吸わせ，1拍目で一回息をせき止めてから「トゥトゥトゥトゥー」と息を吐かせます。この息をせき止めることが後々のポイントになってきます。

② 「ッダダダダーン」!?「ダダダダーン」!? 指揮して感じる

　全員に指揮棒を配ります。以前は，指揮棒の代わりに割り箸を使っていましたが，本物志向の私としては，ぜひとも本物の指揮棒を持たせたいと思い，予算要求をして買っていただきました。やはり割り箸を持つ生徒と本物の指揮棒を持つ生徒の目の輝きは違います。

　まず，予備拍を教えます。指揮者は，この予備拍でテンポやダイナミックス，スピード感，音のニュアンスなどを示さなければならないことを振りながら解説し，私の振り方をまねるように言いながら生徒に振らせます。予備拍を振ると同時に息を吸わせ，1拍目を振り下ろす瞬間に息をせき止めさせエネルギーを感じさせます。

　慣れてきたら，生徒の指揮に合わせて私がピアノで（**A**）（**B**）を弾きます。1拍目を振り下ろした瞬間にどう感じるかを問いかけていきます。

③ 「ッダダダダーン」見て感じる

　私は，レナード・バーンスタインさん，小澤征爾さん，佐渡裕さん，松下耕さんの指揮が大好きです。共通するのは熱さです。とにかくあの熱さがいいです。特に佐渡さんの全身からあふれ出る情熱の汗とともに振り下ろされるダイナミックなタクト！　たまりません（笑）。

　ここでは「佐渡裕のヤング・ピープルズ・コンサート」を収録した「佐渡裕の音楽夢大陸」のＤＶＤを見せます。「運命」の冒頭部分だけのわずか9秒の演奏ですら物凄い熱さとエネルギーを感じます。「なぜこの冒頭にいき

なり8分休符が必要だったのか？」を考えるにはうってつけの教材です。

④ ベートーヴェンの思いは？

 ｯを入れることによって，ベートーヴェンは何を表現したかったのでしょうか？ ｯにはどんな思いが込められているのでしょうか？

 ベートーヴェンの苦悩の人生を学び，（A）と（B）を吹いて，指揮して，そしてプロの指揮者の指揮を見てきました。それらから自分が感じたことをもとにグループで意見交換をして，8分休符に込められたベートーヴェンの思いを探っていきます。①②の場面において予備拍で息を吸って，次に息をせき止めたことを思い出させ，息をせき止めるときの人間の心情も想像を及ばせながら考えさせます。

 冒頭2小節の動機について「運命はこのようにして扉を叩く」と，ベートーヴェン自身が語ったとされる言葉が伝えられています。しかし，冒頭のｯについて，ベートーヴェンが何かを語ったということはありません。従って，正解は分かりません。

 人の感性はそれぞれであり，音楽の感じ方に万民が納得する正解はないに等しいです。生徒には自分が感じたことを大切にし，他の人が感じたことからより幅広い感じ方を学んでほしいと思っています。そして，生徒それぞれがｯにこだわりをもって，思いを深めていくことこそ音楽を知ることにつながります。

 それにしても「*ｯダダダダーン*」のわずか2小節が1時間の授業の教材になるなんて，やはりベートーヴェンは偉大です。

ルードヴィヒ・ヴァン・ベートーヴェンの思いを探ろう

～交響曲第◯番◯◯◯◯調（日本俗名「◯◯◯◯」）を通して～

～復習～

　２８歳頃から耳の異常を感じ始め，はじめは耳鳴り程度でしたが，だんだん悪くなる一方でした。そのことを周囲の人に知られるのを拒み，医者の勧めもあって，１８０２年，空気が新鮮なハイリゲンシュタットの森に移り住みました。しかし，音が聞こえないことに悲嘆の底に沈む日々。そして，ついには自殺を考え，遺書を書きました。

　そのような状況・心境の中，１８０８年，この曲が完成したのはベートーヴェンが３８歳のときです。この曲の第１楽章冒頭の主題「ダダダダーン」に対して，ベートーヴェン自身が弟子に語ったとされる「このように（　　　　）は（　　　　）をたたく」の言葉から，日本ではこの曲を「　　　　」と呼ぶ人も多いです。

> 気短で疑い深い気難し屋，妥協を嫌う激情家，ベートーヴェン。彼の孤独に追い打ちをかけるように，耳が聞こえなくなるという音楽家としては最大級の不幸が彼を襲う。けれども彼の内面には，こうした自分を越えようとする激しい意思と純情の炎が燃えていました。そしてもちろん，巨匠という名で呼ぶにふさわしい偉大な音楽の炎も。
> 　　　　　　　　　　　　　　　　　　　（ミュージック・マエストロ・コレクションより）

今日はこの曲を通して，ベートーヴェンの思いを探ってみましょう。

①－１　第１楽章冒頭の有名な主題（第１主題）「ダダダダーン」をＡＲで吹いてみましょう！

(A)

①－２　♪をなくすとこんな楽譜！？

(B)

①-3 （A）（B）を先生の指揮に合わせて吹き比べて、感じたことを書きましょう！

（A）で感じたこと	（B）で感じたこと

② 次は、みなさんが指揮者です。みなさんの指揮に合わせて先生がピアノで音を鳴らします。感じたことを書きましょう！

（A）で感じたこと	（B）で感じたこと

③ それでは、指揮者：佐渡　裕（さど　ゆたか）さんの指揮を見てみましょう！！

④ 💡を入れることによって、ベートーヴェンは何を表現したかったのでしょうか？💡にはどんな思いが込められているのでしょうか？①で吹き比べて感じたこと、②で指揮をして感じたこと、③で佐渡さんの指揮を見て感じたこと、そしてベートーヴェンの人生・心境を想像して、グループで話し合ってみましょう！

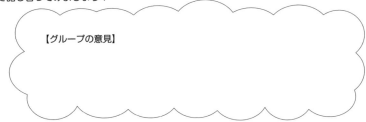

【グループの意見】

生徒番号	氏名

題材9 日本や諸外国の伝統音楽が生み出す声の音色の特徴
声の音色って？カンツォーネ，ホーミー，日本民謡，ヨーデル！

授業の流れ　　　　　　　　　　　　　　　　　　　　　　　　　　（全3時間）

学習活動	教師の支援
・音楽のジャンル及び伝統音楽について知る。	・音楽のジャンルについて説明をしながら，三つの異なるジャンルの音楽を聴かせ，伝統音楽へと説明を展開していく。
①「カンツォーネ」を鑑賞し，その声の音色の特徴についてワークシートに書き込み，発表する。	・聴くことに集中させるために，映像は見せない。 ・感じたことを具体的な言葉で表現できるよう，〔声の音色を表す言葉〕を提示する。 ・口やのどの開き方などの声の出し方についても想像させながら聴かせる。 ・言葉だけのやりとりに終わらないように，音楽を聴いて確かめていく。 ・自分の意見と違う意見をワークシートに書き取らせる。 ・発表の際には「同じように感じた人いますか？」「違った感じ方をした人いますか？」と学級全体に問いかけ共有していく。
②「ホーミー」を知る。	・はじめは映像を見せずに聴き，二つの声が聴こえることを確認する。 ・二つの声が一人から発せられていることを映像で確認する。
③グループに分かれて「ホーミー」「日本民謡」「ヨーデル」を鑑賞し，それぞれの声の音色の特徴について伝え合って，意見をまとめる。	・聴くことに集中させるために，映像は見せない。 ・感じたことを具体的な言葉で表現するよう指示する。 ・「カンツォーネ」の声の音色との共通点や相

	違点からそれぞれの声の音色の特徴をとらえさせる。
	・口やのどの開き方などの声の出し方についても想像させながら聴かせる。
	・実際に声を出してまねてみるよう促す。
	・お互いの意見が共有できるようにボードに書かせる。
・グループでまとめた声の音色の特徴を全体に発表する。	・ボードを全体に示しながら発表させる。
	・「同じように感じた班いますか？」「違ったように感じた班いますか？」と学級全体に問いかける。
	・言葉だけのやりとりに終わらないように，音源を聴いて確かめていく。
	・自分の意見と違う意見をワークシートに書き取らせる。
・本時を振り返る。	・伝え合いを通して自分の感じ取りが深まったこと，分からなかったこと，変わらなかったことをワークシートに書くよう指示する。

教材：カンツォーネ「'O sole mio」，ホーミー「丸いひづめの栗毛の馬」，日本民謡「南部牛追い歌」，ヨーデル「ヨハン大公のヨーデル」

① 3種の伝統音楽聴き比べ

　日頃ふれる機会の少ない日本や諸外国の伝統音楽について興味・関心をもたせ，それらが生み出す声の音色の特徴についてとらえさせます。全3時間計画で扱う音楽のジャンルは，「カンツォーネ（イタリア）」「ホーミー（モンゴル）」「日本民謡（日本）」「ヨーデル（スイス）」「アーヴァーズ（イラン）」「ゲンジェ（インドネシア）」です。
　事前アンケートとして，「声の音色を表す言葉」について全校アンケートをとり，生徒の中にどれだけ声の音色に対する意識があるかを調査しました。

それをまとめたものが，p.98〜100にある一覧表です。こんなにもたくさん出るとは思ってもみませんでした。全員がそうではありませんが，生徒たちの中にこれだけの声の音色のイメージがあるということと，言葉で表すことができることにびっくりしました。そして，学年が上がるにつれて，言葉の数が増えていきました。

　この指導展開は，3時間計画の1時間目のものです。導入として音楽のジャンルについての問いかけをし，伝統音楽に着目させます。そして，声の音色に焦点を当ててその特徴を追求させていきます。

②　カンツォーネでウォーミングアップ

　「カンツォーネ」の発声法は，生徒が普段行っている歌唱や合唱で用いる発声に近いため，声の出し方や特徴をとらえやすく，その特徴を言葉で表現しやすいので，ウォーミングアップとして聴かせます。曲は，私のお得意の「'O sole mio」です。音源のみで聴かせ，口やのどの開き方などの声の出し方についても想像させながら聴かせ，感じた特徴をワークシート（p.96〜97参照）に書かせます。その感じた特徴を何人かに発表させ，出た意見を板書していきます。そのときに言葉だけのやりとりに終わらないように，音源を再度聴かせて確かめていくことが大切です。

③　一人二重唱で関心度アップ

　ほとんどの生徒が「ホーミー」を初めて聴きます。その新鮮さと一人二重唱というショッキングな発声に出会わせる瞬間を大切にしたいです。「ホーミー（丸いひづめの栗毛の馬）」を音源のみで聴かせ，しぼり出すような地声と笛のような高音の二つの声をとらえさせます。最初は，ほとんどの生徒がうなるような地声に耳をとられます。緊張したのどから発せられる笛のような独特な高音には，なかなか気付きません。全員がとらえられるまで何回

か繰り返し聴かせます。そして、この二つの声は、一人から発せられていることを説明して、映像で確認します。生徒たちはびっくりの表情です。

④ 三つの声で探究心アップ

　グループは1グループ4～5人で、音楽経験者が偏らないようにあらかじめ編成しておきます。グループに分かれて「ホーミー」「日本民謡」「ヨーデル」を聴きながら、それぞれの声の音色の特徴をとらえ、グループとしての意見をまとめていきます。このとき、お互いの意見が共有できるように小さめのホワイトボードにどんどん書かせます。また、実際に声をまねてみながらとらえるよう促します。
　生徒たちは、様々な声の出し方を試みて、声の不思議にはまっていきます。

日本や諸外国の伝統音楽が生み出す声の音色の特徴を探ろう！

Q1　次に聴く音楽のジャンルは何だろう？

　　　A □　　　B □　　　C □

Q2　「カンツォーネ（イタリア）」の声の音色の特徴をとらえよう。

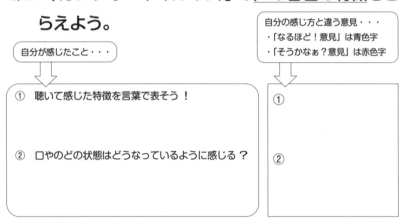

自分が感じたこと・・・

① 聴いて感じた特徴を言葉で表そう！

② 口やのどの状態はどうなっているように感じる？

自分の感じ方と違う意見・・・
・「なるほど！意見」は青色字
・「そうかなぁ？意見」は赤色字

①

②

Q3　次の3つの伝統音楽の声の音色の特徴についてとらえよう。（右ページに書こう）

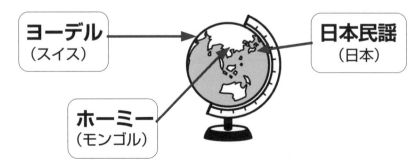

ヨーデル（スイス）

日本民謡（日本）

ホーミー（モンゴル）

Ⅲ章　生徒が本気になる！おすすめ授業ネタ＆評価アイデア

Q4　他の人のとらえを聞いて，自分の感じ方と違う意見を書き出そう。

・「なるほど！意見」は青色字
・「そうかなぁ？意見」は赤色字

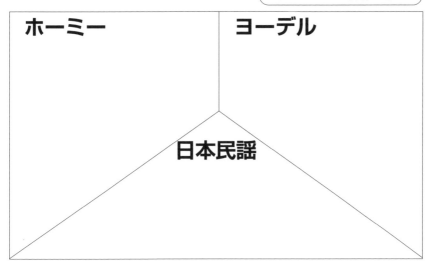

今日の学習の振り返りを書こう。

　他の意見を聞いて，自分の感じ方が深まったこと，分からなかったこと，変わらなかったことを書こう。

生徒番号	氏名

声の音色(ねいろ)を表す言葉

全校アンケートのまとめ（2010年10月実施）

あ行 あかぬけた声　明るい声　明るくはっきりした声　浅い声　あたたかい声　アニメ声　甘い声　甘ったるい声　あやしい声　淡い声　いかす声　怒りの声　怒りをおさえたような声　生き生きした声　勢いのある声　イケメンボイス　勇ましい声　色っぽい声　初々しい声　浮かれた声　薄い声　美しい声　うなり声　うめき声　裏声　潤いのある声　うるさい声　うれしい声　エネルギーのある声　エレガントな声　幼い声　押し出されるような声　おどけた声　穏やかな声　落ち着いた声　大人びた声　重たい声

か行 輝く声　かさかさした声　かすれた声　硬い声　語りかけるような声　金切り声　悲しい声　か細い声　カラカラ声　ガラガラ声　軽い声　軽やかな声　かれた声　かわいい声　乾いた声　甲高い声　キーキー声　黄色い声　消えそうな声　奇声　汚い声　きつい声　気持ちのいい声　キラキラした声　きりっとした声　きれいな声　キレがいい声　キンキンした声　緊張感のある声　くぐもった声　曇った声　暗い声　クリアな声　苦しい声　狂ったような笑い声　軽快な声　けだるい声　けばけばしい声　元気な声　子どもっぽい声　こもった声　ころころした声　怖い声　ごっつい声　ごわごわした声

さ行 叫び声　ささやき声　さびしそうな声　ザラザラ声　さわやかな声　静かな声　沈んだ声　しっかりした声　しっとりした声　しなやかな声　死にそうな声　渋い声　しぼむ声　しゃがれた声　しゃきっとした声　しゃんとした声　しわがれ声　芯のある声　地声　スカスカ声　すがすがしい声　透き通った声　鈴のなるような声　スピードのある声　鋭い声　澄んだ声　じめじめした声　熟した声　ず太い声　切ない声　そ〜っとした声

た行 高い声　高らかな声　たっぷりした声　楽しい声　だみ声　だるそうな声　ダンディな声　力強い声　疲れた声　突き刺すような声　包み込むような声　つまった声　冷たい声　艶のある声　強い声　つらそうな声　ツンツン声　電子的な声　テンションが高い声　テンションが低い声　天の声　天使のような声　透明感のある声　通る声　とげとげしい声　堂々とした声　どす黒い声　怒鳴り声　どん底の声

な行 流れるような声　泣きそうな声　なめらかな声　苦い声　苦いものを飲み込んでしまったときのような声　鈍い声　抜けた声　猫なで声　ねばっとした声　眠そうな声　のど声　伸びやかな声　のんびりした声　のんきな声

は行 迫力のある声　はじけた声　ハスキーボイス　はずむ声　はつらつとした声　鼻声　鼻にかかった声　華やかな声　はねる声　張り詰めた声　ぱさついている声　悲哀が感じられる声　干からびた声　引き締まった声　低い声　悲劇な感情の声　響く声　平べったい声　広がる声　深い声　深みのある声　ふくらむ声　太い声　震えた声　踏ん張り声　ふんわりした声　不気味な声　ほがらかな声　細い声

| **ま行** | 前向きな声　マシュマロのような声　まとまる声　丸い声
まるでライオンに襲われたときのような声　ミステリアスな声　みにくい声
耳が痛くなるような声　耳に突き刺さる声　耳にまとわりつく声　無機質な声
無理して出しているような声
| **や行** | 優しい声　安らかな声　柔らかい声　豊かな声　ゆるやかな声　よく通る声
喜びに満ちた声　弱い声　弱々しい声
| **ら行** | 乱暴な声　凛とした声　老人のような声　ロボ声
| **わ行** | わめき声

　このアンケート結果を音楽室に掲示することによって，毎年，新入生たちが興味津々で食い入るようにながめています。音から言葉，言葉から音というイメージ作業をさせることにより，音や音楽，声の聴き方が深まっていきます。それにしても，俳優さんや声優さんたちは，このようないろいろな声が出せるように日々感情と連動させて練習しているのでしょうね。

　さらに2012年，「歌い方」についてのアンケートをとりました。これも私の予想をはるかに超える言葉が出てきました。これも掲示し，歌唱表現を工夫する際のヒントにしています。

「歌い方」いろいろ…

全校アンケートのまとめ（2012年9月実施）

| **あ行** | 哀愁ただよう感じで歌う　曖昧に歌う　明るく歌う　あざけるように歌う
暖かく歌う　熱く歌う　暴れるように歌う　甘く歌う　怪しく歌う　荒々しく歌う
生き生きと歌う　勢いよく歌う　忙しそうに歌う　痛々しく歌う　いとおしそうに歌う
美しく歌う　うきうきした感じに歌う　訴えるように歌う　うれしそうに歌う
エキサイティングに歌う　おおらかに歌う　怒ったように歌う　厳かに歌う
恐ろしい感じに歌う　穏やかに歌う　落ち着いた感じで歌う　驚いたように歌う
重く歌う　重々しく歌う　重苦しく歌う
| **か行** | 硬く歌う　語るように歌う　哀しそうに歌う　悲しそうに歌う　軽く歌う
軽やかに歌う　かわいらしく歌う　ガンガン歌う　刻むように歌う　きつく歌う

きびきび歌う　厳しく歌う　希望に満ちた感じで歌う　気持ち悪そうに歌う　清らかに歌う
キラキラした感じに歌う　綺麗に歌う　暗く歌う　苦しそうに歌う　軽快に歌う
気だるそうに歌う　激して歌う　元気よく歌う　豪快に歌う　怖そうに歌う
さ行　叫ぶように歌う　ささやくように歌う　さばさばした感じに歌う　寂しそうに歌う
さらさらした感じに歌う　さわやかに歌う　自然な感じに歌う　静かに歌う
沈むように歌う　しっかり歌う　しっとりと歌う　死にそうな感じに歌う　渋く歌う
しみじみと歌う　しめっぽく歌う　シャキっと歌う　じめっとした感じに歌う
情熱的に歌う　しんみり歌う　じんわりと歌う　すがすがしく歌う
すっきりした感じに歌う　スーッとした感じに歌う　鋭い感じに歌う　ずっしり歌う
盛大な感じに歌う　切なく歌う　せわしそうに歌う　絶望的な感じに歌う　壮大に歌う
そっと歌う
た行　大胆に歌う　ダイナミックに歌う　平らに歌う　高らかに歌う　たっぷり歌う
楽しそうに歌う　ためて歌う　だるそうに歌う　力強く歌う　伝えるように歌う
包み込むように歌う　つまらなさそうに歌う　冷たく歌う　辛そうに歌う　ていねいに歌う
テンポよく歌う　堂々と歌う　どきどきした感じに歌う　どっしりした感じに歌う
どんよりした感じに歌う
な行　流れるように歌う　泣くような感じに歌う　なだらかに歌う　懐かしむように歌う
なつかしなめらかに歌う　鈍い感じに歌う　ねっとりした感じに歌う　のびのび歌う
ノリノリな感じに歌う
は行　はきはきした感じに歌う　歯切れよく歌う　迫力あるように歌う　激しく歌う
はじけるように歌う　恥ずかしそうに歌う　弾むように歌う　話すように歌う
華やかな感じに歌う　はねるように歌う　はらはらした感じに歌う　張り切った感じに歌う
ピーンと張りつめた感じに歌う　深く歌う　ふわっとした感じに歌う
ふわふわした感じに歌う　ふんわりとした感じに歌う　ぶっきらぼうな感じに歌う
べったりした感じに歌う　朗らかに歌う　ほんわりした感じに歌う　ボーっと歌う
ぼんやりした感じに歌う
ま行　丸い感じに歌う　もごもごした感じに歌う　もどかしそうに歌う
物々しい感じに歌う　メリハリをつけて歌う
や行　優しく歌う　柔らかく歌う　優雅に歌う　ゆったりした感じに歌う　緩やかに歌う
陽気に歌う　酔ったように歌う　弱々しく歌う
ら行　リズミカルに歌う　リズムに乗って歌う　リズムよく歌う　凛として歌う
朗々と歌う
わ行　わくわくした感じに歌う

題材10 一石四鳥の和太鼓アンサンブル

リズム学習，アンサンブル学習，創作学習，そしてストレス発散！

授業の流れ (全7時間)

学習活動	教師の支援
・学習の流れを確認する。	・本時のグループ練習の場所とリハーサル，本番の順番を決めさせる。
①個人練習をする。	・音源に合わせて叩かせ，視覚的，聴覚的にリズムをとらえさせる。
	・自分のリズムだけでなく，他のリズムにも意識を向けるよう促す。
	・一部分を実際の太鼓を叩かせて，音とリズムの重なりを体感させる。
②グループ練習及び創作をする。	・5か所に分かれて，CD音源を使用しながら練習させる。
	・単純なリズムをつなげたり，重ねたりすることで新たなリズムが生まれることに気付かせる。
	・1グループずつ巡回して創作部分を確認する。
・今日の学習を振り返る。	・次の学習内容を確認する。

教材：和太鼓2014「We love Wa-Daiko」（島大附中オリジナル教材）

① 日本を体感させる

　日本人は，西洋に追いつけ追い越せの精神で西洋の文化や技術を輸入し，まねてきました。今でこそ逆に日本の文化が海外に輸出されることが多くなりましたが，もっぱら西洋かぶれの時期もありました。音楽に関しても例外ではなく，私たち音楽教師も西洋の音楽をベースとして学んできています。

しかし，和楽器の音色を耳にした瞬間，四季折々の日本の風景（正月，盆踊り，秋祭り……）が目に浮かび，心も揺れ動くものです。本来，音楽は，日常の生活の中で自然に肌で感じるものです。しかし，現代日本においては，なかなか日常の生活の中で自然に感じたり触れたりできる機会がありません。

そこで，中学生という多感な時期に一つでも和楽器に触れさせ，日本の音，響き，リズムを体感させることによって，自国の音楽に対する興味や関心を喚起することはとても重要です。

本校では，和太鼓を使っての学習を3年生の3学期に行います。グループでのリズムアンサンブル学習ですが，リズム学習，アンサンブル学習に加えて，創作部分を設けて創作学習も行い，さらに3年生の3学期というストレスのたまる時期に物を叩くということで，ストレス発散にもなるという一石四鳥の学習です。

教材は，本校オリジナルの3分ほどの曲（p.106〜109参照）を使います。1グループ6〜7人で5パートあり，1パートに1または2人という編成になります。グループ編成は，事前にアンケート（p.105参照）をとり，「リズム譜が読める生徒」「人に教えることが得意な生徒」「和太鼓に高い興味・関心をもっている生徒」が必ずどのグループにも複数いるように編成します。

本校に常駐の和太鼓は4台しかありません。発表会の10日くらい前に他校から3台お借りしてやっと1セットできます。従って，毎回全員が本物を叩いて練習することはできないので，個人練習やグループ練習では，床や机の上に雑巾を敷いて，その上を割り箸やバチで叩かせます。しかし，少しでも本物を叩かせて，叩いた感触や響きを感じさせたいので，常に4台をセットしておき，1時間のうち本物に触れる時間を毎回確保します。

② ゲーム感覚で

1曲3分の曲をきちんと叩けるためには，まず個人練習が必要です。個人

練習のやり方については，かなり試行錯誤しました。

　以前は，グループでのパート分担後に同じパートを集めて，パート練習で個の力をつけようとしました。しかし，偶然同じパートになって集まったメンバーの中に楽譜が読める生徒がいなかった場合は，悲惨なことになります。また，いたとしてもその生徒への負担過重になります。

　そこで次に考えたのが，パート別音源をつくってそれを聴きながらのパート練習でした。聴いて覚えるのが得意な生徒は，あまり時間をかけずに叩けるようになりましたが，そうでない生徒は叩けず，ストレスをためることになりました。

　そして次に考えたのが，パソコンルームでの個人練習でした。楽譜と音源を作曲ソフトのFinale（フィナーレ）でつくっているので，聴覚と視覚の両面から攻めようと考えました。パソコンに映し出される楽譜には，演奏ボタンを押すと音が流れると同時に演奏している箇所に縦のラインが出て，それが曲の進行と合致しています。そのラインを見て，ヘッドフォンから聴こえてくる音を聴いて，割り箸でリズムを叩いていきます。これならば，自分ができない部分に戻して，同じところを重点的に繰り返し練習もできるし，何よりもゲーム時代の生徒たちにとってのゲーム感覚での練習は，集中と効率アップをもたらしました。このFinaleの画面は，パート別ではなく，全パートが入っているものを使いました。全パートが聴こえていても目では自分のパート箇所を追っているため，意外にも他のパートにまぎれることなく自分のパートを叩けることが分かりました。

　そして現在では，音楽室のスクリーンに大きく映し出したFinaleの画面を一斉に見ながら，割り箸で机を叩く全員での練習から入っています。一斉に行う時間と音源を止めての個人練習の時間も確保します。「太鼓の達人！」とばかりに画面に釘付けになりながら一生懸命叩く姿が見られ，こちらとしても全体が見渡せるので，どの生徒がつまずいているかを把握しやすくなり，練習の効率と個人の定着がアップしました。

③ 身近なところから

　グループ練習では，全体音源の入ったＣＤを１枚ずつ渡します。音源を流す，流さないは，グループリーダーに任せます。

　そして４小節の創作をさせます。自由につくらせますが，自由ほど難しいものはありません。そこで，何通りかのリズムパターンを示してそれらを組み合わせてみたり，コマーシャルで流れるキャッチフレーズに付けられた１・２小節のリズムを示したり（譜例１），言葉がもっているリズムを示したりして（譜例２），身近なところにリズムがあることに気付かせます。

譜例１

譜例２

　そして，あまり深く考えずに，まずは単純に一人一人がつくってみて，それを合わせてみるように促します。それだけでも意外にかみ合うものです。

　余裕のあるグループには，レベルアップを求めます。創作部分前後のリズムや強弱や雰囲気のつながりを考えさせます。たとえば，「創作部分前は５つのパートが勢いをもって絡み合いながら進む感じなので，その雰囲気をさらにパワーアップするように各パートの音符を細かくする」とか「前のたたみかけてくる雰囲気を一気に落とすように強弱を一気に落として，途中からクレシェンドをかけて次へつなげる」などのように構成を考えさせます。

3年生　和太鼓学習（We love Wa-Daiko）
グループ編成のための事前調査

生徒番号		氏名		決定

　1グループ，男子＝4（3）人，女子＝3（4）人，合計7人が基本になります。これからの和太鼓学習が実りあるものになるよう，下記の調査内容とこれまでの生活の様子（音楽の学習に対する関心・意欲・リーダーシップ・協調性・性格など）を考えながらグループ編成を行います。中学生活最後のグループ活動，表現活動になるので，これまで以上に本気で取り組み，素晴らしい演奏が繰り広げられることを大いに期待します。

☆当てはまる言葉や数字を○で囲ってください。

Q1．あなたは，下記のような音符で示されたリズムが分かりますか？
　　　　わかる　　だいたいわかる　　少しわかる　　わからない

Q2．あなたは，人に教えるのが得意ですか？
　　　　はい　　　まあまあ　　　それほどでも　　　いいえ

Q3．あなたは，これまでに地域や一般団体などで和太鼓を習ったことがありますか？
　　　　ある　　　　　ない

Q4．あなたは，これから学習する和太鼓に対して，どれくらいの興味・関心，意欲がありますか？
　　　　5＝ものすごくある　　4＝けっこうある　　3＝ある　　2＝あまりない　　1＝まったくない

興味・関心度	5—4—3—2—1
意欲度（やる気）	5—4—3—2—1

　　　　　　　　　　　　　　　　　　　　　　　　　　　ありがとうございました。

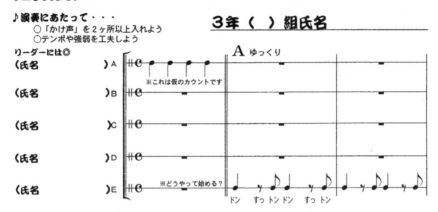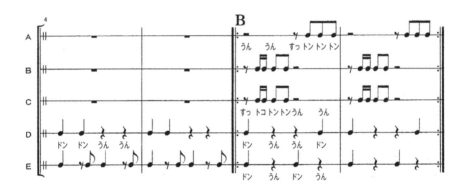

Ⅲ章 生徒が本気になる！おすすめ授業ネタ＆評価アイデア

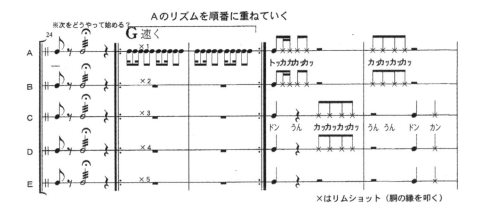

Ⅲ章　生徒が本気になる！おすすめ授業ネタ＆評価アイデア

3年（ ）組氏名（　　　　）

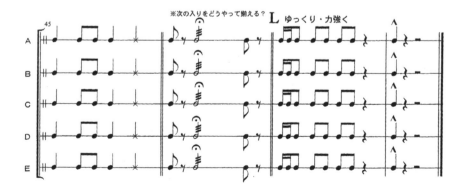

6 授業外おすすめネタ

鑑賞ざんまい

　音楽科のテストは実技のみで，ペーパーテストを実施していない学校もあります。しかし私は，毎学期，他教科と同じく50分の期末テストを実施しています。曲名や作曲者名，曲の背景や音楽記号などについて，授業で扱った内容の定着を知る目的もありますが，たっぷり音楽を聴かせ，授業時間では扱えなかったものを補ったり，新しい音楽と出会わせたりすることをねらいとして実施します。もちろん感じたこと，発見したことなどその音楽の特徴や魅力を記述させます。これまでに50分中25分も鑑賞させたことがありました。放送室から一斉に流すので，音質には目をつむりますが，意外にも教室のスピーカーは聴き取りやすいです。

　これまでの期末テストで聴かせた曲の一部です。

- ♪「手紙」（アンジェラ・アキ 作詞・作曲／鷹羽弘晃 編）の混声三部合唱と女声三部合唱の聴き比べ
- ♪「言葉にすれば」（安岡優（ゴスペラーズ）と松下耕（作曲家・合唱指揮者）の共同制作）の混声四部合唱と女声四部合唱と男声四部合唱の聴き比べ
- ♪「ふるさと」（高野辰之 作詞／岡野貞一 作曲）の児童歌唱・混声合唱・女声合唱・男声ボーカルアンサンブル（ア・カペラ）の聴き比べ
- ♪「魔王」（ゲーテ 作詞／シューベルト 作曲）シュヴァルツコップ（ソプラノ）の演奏，オネーギン（アルト）の演奏，ティル（テノール），パスカル（ボーイソプラノ），エチェヴェリ（バス）の3人による演奏，フィッシャー＝ディスカウ（バリトン）の演奏の聴き比べ
- ♪「トッカータとフーガニ短調」（ヨハン・セバスティアン・バッハ 作曲）の吹奏楽演奏とパイプオルガン演奏の聴き比べ

Ⅲ章　生徒が本気になる！おすすめ授業ネタ＆評価アイデア

♪「スラブ舞曲第10番ホ短調」（ドヴォルザーク　作曲）のピアノ連弾演奏とオーケストラ演奏の聴き比べ

音楽ざんまい

音楽は，普段から私たちの身近にあります。買い物に行っても，食事に行っても，遊園地に行っても音楽が耳に入ってきます。ならば学校でもと単純な発想ですが，校内放送を活用しましょう。

放送室から音楽を流し，生徒の耳に届けることができる時間はありませんか？　朝礼前の朝の音楽，昼食時の昼の音楽，掃除の音楽，下校をうながす夕方の音楽……。生徒会の放送に関わる委員会と音楽科の共同プロデュースです。音楽科として，思いや意図のある選曲を提案するとよいでしょう。

音楽記号・音楽用語×35

生徒にとって音楽記号や音楽用語が身近にあるかというと，多くの生徒にとっては非日常的なものです。音楽で使われている記号や用語のほとんどがイタリア語ということも知りません。ならば少しでも日常的にとの発想で，一週間に一つの音楽記号や用語を〔読み方〕〔意味〕〔楽譜上での例〕とともに掲示します。生徒たちは，一年間で少なくとも35の音楽記号や用語を目にすることになるわけです。

実はこのアイデアは，本校英語科が１年生の廊下にある掲示板に「今日のひとこと英語」として入学式の翌日から毎日掲示しているのを見て「なるほど！」と思い，音楽科でも採用させてもらいました。

7 評価アイデア

100点満点

　歌唱テストは，生徒一人一人にとって次へのステップになるものにしたいと思っています。一人ずつ実施するには少なくとも2時間必要で，年間35時間中の6時間にもなる大変貴重な時間です。いかに生徒へ還元できるものにするか，試行錯誤が今なお続いています。

　現在実施しているやり方は，教師にとって負担感があります。しかし，生徒のことを思ったとき，これくらいの苦労はせねばならぬと思っています。また，自分のスキルアップだと思って行っています。

　やり方と評価の観点を次のプリントで生徒に示します。

3年生歌唱実技テストについて

○「花」1番の上パートまたは下パート，「大地讃頌」最初から間奏前までの自分のパートの3つから1曲を選んで歌います。
○出席順に一人ずつ合唱室で行います。次の人は廊下で待ちます。
○CDのPiano伴奏に合わせて歌います。
○教科書等を見てもかまいません。合唱室には譜面台が置いてあります。そこに楽譜をのせて歌うか，持って歌います。持って歌う場合，姿勢が悪くならないように注意します。
○順番待ちの時間およびテスト後の時間は，歌の練習や課題に取り組みます。

評価項目及び観点

評価項目		観　点	点
音楽への関心・意欲	意欲	歌おう，表現しようという意欲が感じられる歌い方である。	10
音楽表現の創意工夫	工夫	音符の長さや記号を知覚し，強弱などを工夫した歌い方ができている。	10
	発語	明確な発音で言葉を伝えようとする歌い方ができている。	10
音楽表現の技能	音程	正しい音程で歌えている。	10
	姿勢	歌唱に適した体全体のバランスを整えた姿勢で歌えている。	10
	表情	顔の筋肉を柔軟に使い，表情豊かに歌えている。	10
	開口	響く声を求めてしっかりと開いた口で歌えている。特にア母音。	10
	息	たっぷりとした息を使って歌えている。	10
	声量	たっぷりとした声量で歌えている。	10
	響き	厚みや艶，響きのある合唱にふさわしい歌声で歌えている。	10
合　計			100

Ⅲ章　生徒が本気になる！おすすめ授業ネタ＆評価アイデア

　「意欲」点は，歌唱テスト時のみの評価です。これはおのずと「姿勢」や「表情」「開口」「息」とリンクします。3年生は100点満点ですが，1年生1学期は「発語」「音程」「息」「響き」の項目がなく60点満点で，2学期になると「音程」が加わり70点満点です。2年生は「発語」「息」の項目がなく80点満点です。1年生1学期は変声時期であることを考慮して「音程」は評価しません。変声期が原因で「音程」点が低かったらやる気が出ませんから。結果は個票（表1）にして生徒に渡します。

　10項目を各10点満点で評価することは，至難の業です。とても大変で疲れます。A，B，Cの3段階と5点満点でも試みましたが，「C」や「1」を目にしたときの生徒の気持ちを思うと，できるだけ低い値にならないように配慮して今に至ります。点数化することで自分のいいところや次のがんばりどころがはっきり目に見えるため，とても励みになると生徒から好評です。以前「テストというもので人生初めて100点とった！と大喜びで家に帰ってきましたよ！」と保護者からうれしそうに言われたことがありました。

　テストの際，私はパソコンに向かい，歌を聴き，歌っている姿を見ながら項目ごとの点数を打ち込みます。10項目をできるだけ瞬時に判断しますが，公正な判断が求められるので，同時に録音・録画をしておき，あとで聴き直したり，見直したりすることもあります。

　そしてさらに，一人一人にコメントを書きます。その場でも「舌を少し前に出すようにして，舌の根元の力を抜いてごらん」「もっとしっかり息を使ってごらん」などのアドバイスを与え，ほんの少しの個人レッスンをしますが，それだけでは伝えきれないので，数値に加えコメントを書きます。いいところをほめ，具体的なアドバイスと期待している私の思いを書きます。当然，テストの瞬間に書き上げることはできないので，そのときはポイントやキーワードをメモ程度に書き，あとでじっくり時間をかけて仕上げます。まるで学級担任が通知表の所見を書くが如く，一人一人に手渡すときの生徒の顔を思い浮かべながら思いを込めてコメントを完成させます。一人一人へのメッセージが次に歌う意欲につながっていくことを願っています。

3年○組													1学期　歌唱テスト	
番	氏名	曲目パート	意欲	工夫	発語	音程	姿勢	表情	開口	息	声量	響き	合計	コメント
1		大地 B	10	9	8	9	10	10	10	10	10	10	96	ブラボー！！！！！！！！！　とても重厚な響きある安定した歌声ですね。1学期にしてこの安定した歌声にはビックリです。お腹周りの支えができています。高音域での歌い方をマスターできると表現の幅が膨らみますね。普段の授業で少し脱線するときがありますが，さらなる飛躍を大いに期待しています。がんばれ！
2		花 上	6	3	4	3	8	6	7	4	3	5	49	お腹に力を入れて（エネルギーを感じて）歌ってごらん。もっと自分の歌声に自信がもてるように，合唱練習の際に，しっかり歌える人の横で，一度しっかり口を開いて，息をたっぷり使って声を出してみよう。もっと歌える喜びを味わえると思いますよ。普段の授業態度は，とてもまじめでいいので，そのよさを大切にしながら2学期がんばろう！
3		花 下	7	6	4	4	7	6	6	5	5	6	56	授業で一斉に発声をしているときなど，いい表情，いい口の開け方ができていますが，今日は緊張しましたね！　合唱のパート練習でみんなと一緒に歌っているときは，しっかり音程もとれているので，自信をもってください。今日この瞬間がすべてじゃないですから！　鑑賞で音楽を聴いているときに体が自然に揺れていましたね。音楽を感じているなぁと思いました。
4		花 上	10	10	8	10	10	10	10	7	8	10	93	ブラボー！！！！！！！！！　とても自然な発声できれいなボーイソプラノです。音程もしっかりしています。そして，フレーズ感がうまく表現できていました。合唱ではソプラノと一緒に歌った方が活躍できると思いますが，勇気がいるかな!?　普段の授業にもまじめに取り組んでいるので，今後大いに期待します。
5		大地 T	8	7	7	8	10	8	7	6	6	8	75	無理のない自然な発声で歌えており，歌声に艶も感じられます。口をもう少し開いて，息をたっぷり使って歌えるともっと強弱などの表現ができるようになりますよ。そのために普段からもう少し大きな声を心がけて生活できるといいかな。是非とも歌える喜びを感じてほしいと思っています。普段の授業態度から音楽に対する前向きさを感じています。

表1　歌唱テストの個票

見取り記号

　学習内容により音楽室での座り方を変えますが，いずれの場合でも座席表をつくり，座席表兼メモ表としていろいろ書き込みます。

　書き込む内容の多くは，授業中の姿から見取れることで「音楽への関心・意欲・態度」の評価につながることです。たとえば，参考演奏を聴いているときに，楽譜にしっかり目を向けている姿や，曲に合わせて口ずさんでいる姿，グループ活動などで活発に意見を言っている姿などを見取り，座席表に記号で書き込んでいきます。

　　「う」……うなずいている。
　　「き」……挙手をよくする。
　　「く」……口ずさんでいる。
　　「し」……音楽を聴きながら指揮をしている。
　　「ね」……寝ている。
　　「は」……発言をよくする。
　　「ひ」……表情よく歌っている。
　　「ゆ」……音楽を感じて体を揺らしている。

など，見取った瞬間に書き込みます。いかにも「観察しています！」「評価しています！」的な行動は見せないようにさりげなくです。

　また，授業中，特に意欲的だった生徒をA，残念ながら前向きでなかった生徒をCとして書き込みます。

　座席表は，題材で1枚を基本にして，ペンの色を変えることによって何時間目の見取りなのかが分かるようにします。

ＡＢＣボード

　ホワイトボードに評価項目とＡＢＣ欄を設け，生徒には自分の出席番号が明記してあるマグネットシートを持たせます。そして授業後，生徒はボードの自分の評価に当たるところに番号シートを置いて音楽室を出ます。

　ワークシートによる自己評価をさせると，どうしても書かせる時間とシートを回収する時間が必要になります。その時間を削ることともう一つ，ボード全体を見渡しただけで，その時間の生徒たちの満足度や達成度を一瞬に見取ることができるというメリットがあります。これは，教師自身の授業の振り返りになります。評価項目に対してＣが多かった場合，当然，授業の改善を図る必要があります。

　さらに評価欄内のどの辺りに置いているかで，同じＢ評価であってもＡに近いＢであったり，Ｃに近いＢであったり，生徒の満足度や達成度の微妙さを見取ることもできます。

　生徒によっては，評価されることを気にして，実際とは違うところに置いたり，他の人の置く場所が気になったりすることも考えられます。そこで，生徒たちには，教師自身の授業スキルアップのための評価として行っているので，正直に置いてほしいと言っておきます。

　ボードをすぐにデジカメやタブレットで撮影すれば，あとでゆっくり個人の評価を整理することもできるし，授業が連続していてもすぐに片付けて次のクラスに対応することができます。

　この方法は，もう一つペーパーレスというメリットもありますが，ＡＢＣだけの評価なので，「どのように感じたか」とか「どのように工夫したか」などの具体的なものは見えません。従って，記述式のワークシートとうまく組み合わせるなどの工夫が必要です。

Ⅳ章 生徒が成長する！合唱コンクールを成功に導く秘訣

♪ 校内コンクール編 ♪

1 校内合唱コンクールでねらうものは

　中学校の一大イベントである全校上げての校内合唱コンクール。そこには生徒を成長させ，学校を活性化させるエキスがたくさんあります。そのことを念頭に音楽科としてのねらいはもちろん，学級としてのねらい，学校としてのねらいをしっかりもって取り組んでいきます。

　これは，本校のねらいです。

> ①　合唱活動を通して，創造的で美しい音楽表現を追求しようとする意欲と態度を育て，一人一人の音楽の諸能力を高める。**(音楽科)**
> ②　お互いの演奏を聴くことにより，よりよい音楽表現の仕方や鑑賞のあり方を体得する。**(音楽科)**
> ③　練習の過程を通して，自分たちで集団生活を向上させようとする意欲と態度を育てる。**(学級)**
> ④　コンクールまでのすべての過程を通して，全校生徒並びに教職員が連帯感を深め，より活性化した学校生活を創出しようとする意欲と態度を育てる。**(学校)**

音楽科としてねらうもの

　音楽科としてねらうものは，合唱活動を通して，音楽を愛好する心情を育

て，音楽に対する感性を豊かにし，音楽活動の基礎的な能力を伸ばし，豊かな情操を養うことです。このことをベースにして，音楽教師の思いや願いも盛り込んだねらいを設定します。さらに，ねらいを加味したスローガンや合言葉のようなものがあるといいです。

学級としてねらうもの

学級としてねらうものは，ズバリ学級集団の向上です。練習過程において，ときには意見の食い違いや練習態度のことでぶつかり合うこともあります。「男子が本気になってくれない」と言って女子生徒が泣き出すような場面もあるでしょう。いろいろなドラマを経て，生徒同士が認め合い励まし合い，そして協力し合っていくことにより，一人一人の心が成長し，よりよい学級がつくられていくことを願います。

学校としてねらうもの

校内合唱コンクールは，中学時代の一番の思い出として生徒の心に残るものといっても過言ではありません。行事の中でもかなりのウェイトを占めています。そして，生徒だけでなく教職員，保護者の心にも残る大イベントです。

コンクールを成功に導く中心となるのは音楽科教師です。しかし，学校は組織で動いています。教職員一人一人が何らかの関わりをもち，教職員集団がどこまでまとまれるかがコンクール成功の鍵となります。事務のみなさんは，生徒の活動に直接関わることはありませんが，生徒の歌声に関心をもってもらうだけでもいいのです。事務室で仕事をしながら「今年もいい声が響いとるわ〜！」と会話していただくだけでいいのです。

学校としてねらうものは，生徒の豊かな人間性を育てることプラス，教職員の団結から生まれる学校全体の活性化です。

2 成功体験の鍵

　校内合唱コンクールでは，クラス合唱の発表に加えて，学年合唱や全校合唱，教員合唱，保護者有志合唱，合唱部の演奏，さらにはゲストの演奏を行う学校もあります。そのプログラミングは，その学校の規模やカリキュラム，音楽科の年間指導計画，コンクール全体の時間，音楽教師のこだわりによって様々です。

　そのプログラミングの中で，生徒たちが輝くのはやはり自分たちの出番であるクラス合唱の場面です。そして，クラス合唱で何を歌うかが重要なのは言うまでもありません。

　各学年の課題曲がある場合，課題曲は音楽科が設定し，自由曲は各クラスで選曲します。自由曲だからといって何でもご自由にどうぞなんてことは，音楽科としてのねらいがないも同然です。自由曲についてもある程度音楽科で絞った曲を候補曲，あるいは参考曲として示してやることが大切です。

　合唱コンクールは，生徒の成長の場です。練習から本番までが，生徒にとってほめられて認められる場にならなければいけません。そういう成功体験をさせてやるという意味でも選曲は大切です。背伸びしすぎた選曲をして満足に歌えなかったり，力があるのに簡単な曲を選曲して物足りなかったりしては，成長の芽を摘み取ってしまうことになります。

　そして音楽科として，どんなことを学ばせたいか，どんな音楽的能力をつけさせたいか，それも選曲にかかっています。

ポイント

　中学の３年間の成長は，心身ともに著しいです。１年生と３年生では，様々な面で大きく差があります。選曲に当たっても発達段階を踏まえる必要があります。たとえば……

1年	合唱の楽しさがストレートに感じられ明るく，テンポ感のいい曲。躍動感のある曲。元気さがアピールできる曲。声を出す安心感のあるユニゾンから始まる曲。音域に無理がない曲。歌詞がすがすがしい曲。
2年	ハーモニーの味わいが感じられる曲。テンポ的に落ち着きのある曲。希望感・未来感のある曲。曲調に変化・展開がある曲。歌詞に思いが込められる曲。混声三部をベースに部分四部のある曲。
3年	ハーモニーの醍醐味が感じられる曲。どっしり壮大感のある曲。歌詞に展開がある曲。ドラマチックな曲。曲調に変化がある曲。歌詞に思いが込められる曲。心に訴えかけるメッセージ力のある曲。合唱とピアノ伴奏のコラボレーションが感じられる曲。

候補曲の示し方

　自由曲の候補曲としてクラスに示す曲数は，1学年3～4クラス規模なら10～15曲くらいが適当かと思います。クラス数に応じて曲数を増減して準備しましょう。

　示し方は，学年ごとの候補曲名と歌詞を書いた候補曲リストとその参考音源を入れたCDを作り，生徒に渡します。歌詞を書いた候補曲リストは生徒全員に配布し，参考音源CDはクラスに1枚配布します。曲調も生徒のモチベーションを上げる重要な要素ですが，歌詞から感じるエネルギーも強いものがあるので，生徒が選曲するときには必ず歌詞を見ながら音源を聴かせましょう。さらに，候補曲リストに曲についての音楽教師からの簡単なコメントがあったら最高です。たとえば，「中1としてやや難しいところもあるがチャレンジの価値あり！」「ピアノ伴奏も含めて難しい曲だが，達成感が味わえる名曲！」のように。ピアノ伴奏譜が見たいという要望があったときは，楽譜を貸し出します。

3 組織固め

運営組織

運営の主体は音楽科ですが,生徒を巻き込んだ運営組織をつくることが,合唱コンクールをより活発にする要因となります。その場合,次の三つの場合があります。

> ① 生徒会組織に一年間の学校行事での歌に関わることを仕事とする委員会がある場合(たとえば,歌声委員会)
> ② 生徒会組織のある委員会が,合唱コンクールの運営も仕事の一つとしている場合(たとえば,文化委員会)
> ③ 臨時の実行委員会を立ち上げる場合

運営内容

運営内容は,次のようなものがあります。この中のどこまでを生徒にさせるかは,音楽科の考えと学校の実態しだいです。

- **全体計画**
- **各クラスの練習計画**
- **全体スローガンの作成**
- **ステージ看板作成・設置**
- **ポスター作成・掲示**
- **プログラム作成**
- **保護者および外部(来賓)への案内状作成・発送**
- **「合唱新聞」の作成・掲示**
- **リハーサル(学年別中間発表会)と本番の発表順の抽選会企画・実施**
- **リハーサル(学年別中間発表会)の進行計画**

- ○ リハーサル（学年別中間発表会）の司会進行
- ○ 賞状の作成
- ○ コンクールの進行計画
- ○ コンクールの司会進行
- ○ コンクールの記録（写真・ビデオ・計時）
- ○ 会場設営（ひな壇設営等）・片付け
- ○ 会場がホールの場合の座席指定
- ○ コンクール当日の来賓・保護者受付　など……

練習組織

　コンクール自体を成功に導く運営組織とは別に，各学級の合唱を成立させるための役割として，次のものがあります。

> ○ パートリーダー　　　　　○ 副パートリーダー
> ○ 各パートの音取りスト※　　○ ストレッチ係り
> ○ 発声係り　　　　　　　　○ 指揮者
> ○ ピアニスト
> 　　　　　　　　　　　　　　　　　　　　など……

　運営組織とこれらの役割は，別の生徒にさせるほうがいいです。一人の生徒への負担過重を避けることと，できるだけ多くの生徒が活躍できるチャンスを与えるという理由からです。

※「音取りスト」とは，パート練習の際にピアノなどでそのパートの音を単音で弾く人のことです。フルート奏者をフルーティスト，ピアノ奏者をピアニスト，チェロ奏者をチェリストなどと呼ぶように，私が音取りにプライドをもってやってほしいとの思いからネーミングしたものです。

IV章　生徒が成長する！合唱コンクールを成功に導く秘訣

パート分け

パート分けのポイント

発達段階により学年の違いがあるので一概には言えないですが，概ねこのようなポイントを念頭においておくとよいでしょう。

ソプラノ	アルト	テノール	バス
高い声が出る 音色が明るい 声が細い	低い声が出る 音域が広い 声が太め	高い声が出る 音色が明るい	低い声が出る 低音に魅力がある

音域を示す

発声練習のときに自分たちが歌う曲の音域を視覚的に示してやり，実際にその高さや音域を意識させながら発声をさせます。そして，自分の最高音や最低音，出しやすい音域を自覚させ，自分にふさわしいパートを考えさせます。

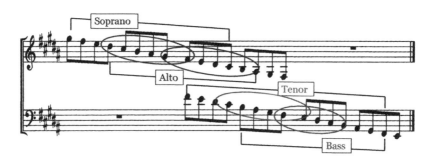

決め方

　パート分けのポイントと自分の最高音や最低音，出しやすい音域を自覚させたのち，男女別にある程度自分たちで決めさせます。その場合，パート間の人数のアンバランスや自分では決めかねる生徒も出てくるでしょう。生徒から「どうしたらいいですか？」とアドバイスを求められたら，教師が実際にパートバランスを聴いたり，一人一人の歌声を聴いたりして的確なアドバイスを与えてやります。

　最初から教師が決めるやり方もできなくはないですが，その場で男女一斉にはできないので，男女どちらかにどうしても待ちの時間が生じます。時間的なロスをなくすのと生徒一人一人の自覚と意思を尊重し，またやる気をそがないためにも生徒に任せます。

変声前の男子

　1年生の男子生徒でまだ変声していない生徒は，本人に今の声の成長の状態を説明してやり，「君の声は女子パートの戦力になるよ！」などと言って励まし，本人納得の上でソプラノまたはアルトパートにします。生徒によっては女子生徒と一緒にパート練習をするのをいやがることがありますので，気持ちの面を最優先しましょう。歌うことがいやになってはいけませんから。そういう生徒には，「周りの男の子たちの声と高さが違うけど，出しやすい音域で出していいよ！」と言って男声パートで歌うことを認めてやります。

　また，女声パートで練習を進めているうちに，途中で女声パートの音域が思うように出なくなる生徒もいます。練習中に気にかけ，声をかけて声の状態を把握するようにします。途中からパートを変わることが期間的に間に合うようだったら変えますが，間に合いそうにない場合は，そのことを説明し，裏声で歌うという認識に切り替えさせます。

5 パートリーダー　決め方と育成術

パートリーダーに必要な素質

　クラス合唱成功の明暗を分けるとは言い過ぎかもしれませんが，リーダーの活躍しだいのところはあります。では，どんな生徒にリーダーになってもらいたいか。

- ☐ 歌（音楽）が大好きな人
- ☐ 家庭でもよく音楽を聴く人（ジャンルは問わない）
- ☐ しっかりした大きな声で発言や指示ができる人
- ☐ しっかりした大きな声で歌える人
- ☐ 比較的よい発声ができている人
- ☐ 音程が分かる人
- ☐ 楽譜が読める人
- ☐ ピアノが少しでも弾ける人
- ☐ 男子からも女子からも信頼されている人
- ☐ みんなと一緒に盛り上がることが好きな人

　これらをプリントにして全員に配り，自分でチェックをさせます。すべてをクリアする生徒はなかなかいません。そこで「全部当てはまる人がいたらぜひやるべきです。でも全部ではなくても，いくつか当てはまる人がリーダーになってくれるとクラス合唱が成功すること間違いなしです！　また，自分自身を伸ばすチャンスです。思いきってチャレンジしてほしいなぁ！」と言って気持ちを誘います。
　合わせて，次に示すパートリーダーの役割も説明します。

パートリーダーの役割

　パートリーダーは，一言で言うとパートのまとめ役です。「そんなこと分かっています」と言われそうですが，では，実際にどのようなことをすればいいのでしょう？　パートリーダーが押し付けで決まって，パート練習がにっちもさっちもいかなくならないためにも，やるべき具体的な内容を伝えます。ただし，1年生にいきなり①～⑩のことを伝えると，誰も気持ちが引いてしまいます。1年生には⑤まで，あるいは⑦までを伝え，状況を見ながらできそうなリーダーにはそれ以降を要求していきましょう。

① パート練習の内容を考え進行する。
② 率先して歌って，歌声でパートメンバーを引っ張る。
③ パート内が団結することをいつも考える。
④ 手拍子などをして拍子をとる。
⑤ パートメンバーの姿勢や口の開け方をチェックする。
⑥ 音程正しく歌えているかチェックする。
⑦ リズムが間違っていないかチェックする。
⑧ 歌詞の発音がそろっているかどうかチェックする。
⑨ 強弱などの音楽記号を理解して，音楽表現を要求する。
⑩ 歌詞の内容を理解して，音楽表現を要求する。

パートリーダーの決め方

　パート分けが決まったところでパートミーティングを行い，自薦他薦を募って決めます。自薦が複数あった場合は，意気込みや決意を述べさせ，また，他薦については，推薦理由をきちんと述べさせたうえでパート内での多数決などで決めます。自分たちが選んだことに責任をもたせるためです。

育成その1　自尊感情

　初めの頃のパート練習では，しどろもどろで，たどたどしく「え～っと」の連発で，こちらがいっぱい口出ししたくなりますが，そこをぐっとこらえてリーダーに任せ，そしてリーダーの発言をほめてやります。リーダーの発言を尊重する態度を教師自らが示すことで，リーダーの自尊心を高めていきましょう。人間育成のベースは，自尊感情を高めることです。

　舞台用語で「ダメだし」という言葉がありますが，リーダーへのダメだしはダメです。もう一度言いますが，人間育成のベースは，自尊感情を高めることですから。

　また，授業でのリーダーの様子を担任に伝え，がんばっていることを担任からもほめてもらうようにしましょう。

育成その2　ミニ研修会

　授業場面ではリーダーの発言を尊重し，授業以外のところでパートリーダー，副パートリーダーを集めて指導するのが一番効果的です。

　ある期間，昼休みにリーダーを集めて，パートの進め方や発声練習の仕方を教え，課題曲がある場合は課題曲を練習し，リーダーがしっかり歌えるようにします。さらにクラス練習が進んだ頃にパート運営で行き詰まっていることなどの相談会をするといいでしょう。

　また，各クラスのリーダーが一堂に会することで「お互いがんばろうね！」と励まし合ったり「うちのクラスが優勝するからね！」と刺激し合ったりして，学年や学校全体がより盛り上がることにつながります。

　教師も生徒も日々忙しく，実施することがなかなか難しいのが現実ですが，短期間，短時間でもできるならば実施したいものです。

6 指揮者　決め方と育成術

　指揮者は，演奏者が奏でるたくさんの音の交通整理係りです。さらに，発せられる音の形やバランスを整えるだけでなく，感じた音楽を全身で表現するクラス最高のパフォーマーです。淡々とメトロノームのように機械的にテンポを振るだけの指揮者で終わらせてはいけません。

指揮者に必要な素質

　クラスの心と音楽のまとめ役の指揮者。指揮者にふさわしい生徒はどんな生徒でしょう。パートリーダーとかぶるところもありますが，こんな感じでしょうか。

- ☐ 歌（音楽）が大好きな人
- ☐ 家庭でもよく音楽を聴く人（ジャンルは問わない）
- ☐ しっかりした大きな声で発言や指示ができる人
- ☐ 人前で堂々とした態度のとれる人
- ☐ 立ち姿がしゃきっとしていてかっこいい人
- ☐ 運動神経がいい人
- ☐ 音程がわかる人
- ☐ 音楽記号や音楽用語が少しでもわかる人
- ☐ 男子からも女子からも信頼されている人
- ☐ 周りが騒いでいるときに冷静でいられる人

　この中の三つくらい当てはまればさせてみて，あとは努力と経験で伸ばしてやりましょう。

指揮者の決め方

パートリーダーと同じく，自薦他薦を募ります。自薦が複数あった場合は，クラス内オーディションを実施して決めます。他薦の場合は，推薦理由をきちんと述べさせたうえで，多数決などで決めます。

育成その1　指揮の基本

次の三つの基本型を教えます。言葉での解説よりも実際に一緒に振って，腕の動きをまねさせましょう。

① たたき…………物が自然落下して底面にあたり，反発してまた元に戻るとういう動きのように腕を動かす振り方。
② 平均運動………同じ速さで腕を動かす振り方。
③ しゃくい………たたきと平均運動の中間的な振り方で，加速と減速のある振り方。

育成その2　指揮のコツ

① 始まりの構えをきちっとする。
② 1拍目の振り方をはっきりする。
③ テンポの指示をはっきりする。
④ 2拍子，3拍子，4拍子……振り方の図形を明確にする。
⑤ 歌う人と一緒にブレスをする。
⑥ 左右（右手・左手）対称の図形で振らない。
⑦ 右手で拍子をとり，左手で表情（表現）を表す。
⑧ 心の中で一緒に歌う。
⑨ ピアノ伴奏へも意識を傾ける。

⑩　合唱部分が終わっても最後まできちんと振る。

⑥と⑦ができるように，指揮者自身もしっかり歌わせます。また，言葉の単位や小さいフレーズで振らせてみましょう。

育成その3　見た目

指揮は見た目のかっこよさも大事です。かっこいい指揮にするために次のことを意識させましょう。

① 肩を落として猫背で立たない。
② 演奏前後の礼をいい加減にしない。
③ 指揮台に立ってそわそわしない。
④ 手首をくねくねさせない。
⑤ 指を広げすぎない。
⑥ 腕を下げすぎない（腰ラインまで）。
⑦ 頭を振ってテンポをとらない。
⑧ 膝を曲げてテンポをとらない。
⑨ 股を広げすぎない。
⑩ 後ろから見られている意識をもつ。

育成その4　習うより慣れろ

「指揮は習うより慣れろ」とある指揮者が言った言葉を記憶しています。指揮者講習会を開いて基本的な振り方は教えるべきですが，あとは実際に合唱練習で何回も振らせ，自分で振り方を考えさせて，その中で少しずつアドバイスを与えるようにします。究極のアドバイスは「習うより慣れろ」です。

7 ピアニスト　決め方と育成術

伴奏者かピアニストか？

　近年の合唱曲には「混声合唱とピアノのための」というタイトルが付けられることが多くなりました。これは合唱パートとピアノパートが完全に同等な立場にあり，共同して初めて一つの音楽として成立する作品であることを強く示しています。クラス合唱で取り組む楽曲には，そこまでピアノが重視されていないと思われるものもありますが，私は，どんな曲でもピアノの存在は大きいととらえています。従って伴奏者ではなく，ピアニストと呼んでいます。

　そして，生徒自身にも認識させるために「合唱の伴奏はマラソンの伴走とは違うんだよ」という話をします。マラソンの伴走者は，競技者のそばについて走りますが，あくまでも走りの主役は競技者です。しかし，合唱の伴奏者は，同等な立場で音楽をつくり上げます。その認識をしっかりもたせます。

ピアニストの決め方

　ピアノ習い率は学校によってまちまちです。率が高ければいいですが，低いと悩みの種になります。クラスにピアノが弾ける生徒がいない場合は，校内のピアノ経験のある担任以外の先生にお願いするか，地域のピアノの先生と仲よくなっておいてお願いするかでしょう。

　また，複数いても楽曲によっては難しい場合があります。この場合は，連弾をさせるか，曲を替えるかです。

　立候補が複数あった場合は，オーディションを行います。審査は音楽科教師が行い，合格・不合格の選考理由をきちんと説明してやります。音楽科教師が一人の学校は，学生の頃合唱部や吹奏楽部だった先生やピアノ経験のある先生に協力してもらい，複数で審査をします。一人でやってしまうと，選

ばれなかった生徒の保護者から何か言われたときに心労をわずらうことになりますから。

育成その1　強弱

　最終的な合唱とのバランスのこともありますが，まずは思いきって強弱の表現をさせます。そうすることで，合唱と合わせたときに全体がメリハリのある演奏になります。

育成その2　呼吸

　ピアノに限らずアンサンブルをするときは，ブレスを合わせることが大切です。メロディを歌う練習もして，ピアノが弾けるようになったらメロディを歌いながら練習させます。また，合唱のブレス箇所を楽譜に書き込ませ，合唱と合わせるときには，一緒にブレスをしながら弾かせます。

育成その3　バランス

　ピアノを習っていても弾いている曲のほとんどがソロ曲です。アンサンブルに慣れていない場合が多く，自分が弾くことで手一杯のことも少なくないです。弾いていて客観的に合唱を聴くことが難しいと思いますので，合唱とのバランスをアドバイスします。

育成その4　左手

　何も言わないと右手が強くなる生徒が多いので，左手に意識をもっていかせます。右手は合唱に寄り添う気持ちで和音や分散和音を弾かせ，左手は低音域を補っているので合唱全体を支える気持ちで弾かせます。

8 パートバランスと意識

中低音の重要性

　音楽室のスピーカーを買い換える際に、どうしても中低音を充実したくて、サブウーファーも買ってもらいました。サブウーファーを設置したことによって中低音が強められるだけでなく音に広がりも加わりました。

　混声合唱も同じで、中低音域の充実がとても重要になります。生徒たちはそういうことは知らず、特に女子はメロディを受けもつことが多いソプラノパートになりたがります。しかし、これでは合唱が成り立ちません。中低音域の重要性を知らない生徒に対して、広がりと安定の感じられる合唱に仕上げるための各パートの声量バランスを示してやります。その際にスピーカーの話と、実際にサブウーファーをONにしたときとOFFにしたときの音の感じ方の違いを実感させ、さらに次のような図を示します。

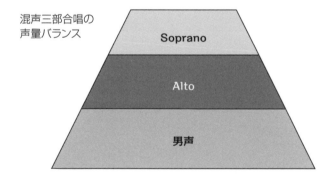

　アルトパートと男声パートの重要性を認識させることで、女子のパート分けを少しでもスムーズにすることと、男子の合唱づくりに対する大事なポジションであることへの意識付けをします。

　また、混声四部合唱の場合（次頁図）は、アルトパートをテノールパートの下に位置させ、アルトパートの重要性を強調するのと、テノールパートが高音域で叫ばないよう意識させます。

声量バランスに加えて，各パートに求める声質や全体での役割についても示してやります。私は，次のような図をパワーポイントで作って全体に見せながら説明しています。なお，実際には吹き出しの中に各パートの説明を書いていますが，紙面の都合上，下記に示します。

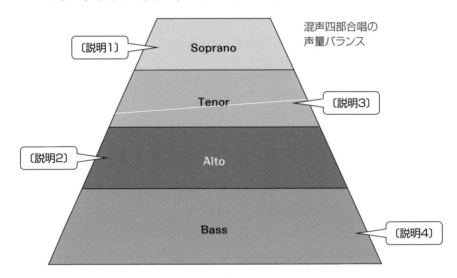

〔説明1〕① メロディを歌うことが多いので，フレーズを大切に歌う。
　　　　② 済んだ美しい響きを心がける。
　　　　③ 高い音を歌うときは，あごやのどに力が入らないようにする。

〔説明2〕① ハーモニーを支える重要な役割をもつ。
　　　　② 音の動きが少ない場合が多いので，言葉の抑揚を意識して歌う。
　　　　③ 低い音は地声になりやすいので，のどをしっかり開く。

〔説明3〕① ハーモニーを支える重要な役割をもつ。
　　　　② 高い音を歌うときは，柔らかい音色を心がける。
　　　　③ 高い音を歌うときは，喉仏が上がらないように意識する。

〔説明4〕① ハーモニーの支えや合唱全体の土台になる。
　　　　② 全体を包み込むような気持ちで歌う。
　　　　③ 低い音は胸に響かせるように発声する。

9 学級担任との連携プレイ

リサーチ

　合唱コンクールの思い出は，他の先生たちにもあります。自分が学生だった頃の思い出や教師になってからの思い出が必ずあります。担任の先生によっては，連覇に野望を抱いていたり，「今年こそは！」と昨年の悔しい思いを１年間熟成させていたり，「今年の生徒にはこの曲を歌ってほしい」と熱い思いをもっていたりします。

　そういう担任の先生の思いを日々の会話の中から聞き出し，歌ってほしいと思っている曲を候補曲の中に入れたり，授業の中で担任の先生の思いをネタに生徒を揺さぶってみたりすることもできます。

異口同音

　「このクラスは，一人一人がすごいエネルギーをもってるんだよな！」と学級練習の場面で担任の先生が生徒たちに言ったとしましょう。この言葉を音楽教師が，日常の担任の先生との会話の中でキャッチしたら，音楽の授業場面でも音楽教師から同じようなことを言ってやります。言われた生徒たちは「そう言えば，担任も同じようなこと言ってたなぁ。俺たちってやっぱりそうなんだ」と思うでしょう。

　これは，担任の先生の言葉（思い）を違う場面で違う人が言うことにより，その言葉を生徒たちの心にさらにストンと落とすことになります。要するに担任の先生をバックアップしたことになります。

　合唱コンクールの取り組みに限らず，担任と副担任，部活動の顧問と副顧問などの間でもできる連携プレイです。私は初任のとき，このやり方を先輩教師に教えていただき，実際に本当にたくさん助けていただきました。

イメージ画

　生徒の心を揺さぶり思いや意図を引き出す作業は，合唱を仕上げるためにとても大切なことです。しかし，少ない音楽の授業ではたっぷり時間をとることができません。ならば，学級活動で取り組んでみてはどうでしょう。

　詞や言葉から感じるイメージを写真や絵で表現させます。インターネットで詩の中のキーワードを検索させて，いろいろ出てくる写真や絵の中から自分のイメージに近いものを絞らせ，一枚のシートを作らせます。絵の得意な生徒には，絵を描かせてもいいでしょう。でき上がったシートは，教室に掲示します。

　「音楽の指導は無理！」という担任の先生も歌詞からのアプローチならできます。学級担任と生徒で歌詞を深く読み取っていく作業の中で，クラス全員の思いの方向性が一致していきます。

　写真は「ほらね，」（いとうけいし　作詞／まつしたこう　作曲）のイメージシートです。写真や絵の大きさや貼り方から，どの言葉やフレーズにより引きつけられているのかが分かります。

　ある生徒は，自分の家の近くでイメージに合う風景を自分で撮影してきて貼り付けて作りました。

「ほらね，」のイメージシート

　この作業によって，歌詞への思いの深まりと同時に，曲への愛着も生まれてきます。

IV章　生徒が成長する！合唱コンクールを成功に導く秘訣

朝・昼・夕

　コンクールの10日くらい前になると朝礼前，昼休み，終礼後に学級練習を行う学校が多いと思います。

　この練習会がスタートするまでに，パートリーダーや指揮者たちによる各クラスでのミーティングが必要です。クラスの課題や練習の進め方，内容などを話し合わせ，コンクール本番のゴールを見据えた無駄のない練習会になるよう事前準備をさせます。リーダーたちの負担にならない程度の練習計画書を作らせて，音楽科と学級担任が把握しておくといいでしょう。

創意工夫

　朝練・昼練・夕練の時間や場所はその学校の実態によりますが，だいたい20分～30分，自分たちの教室を基本にして，音楽室や体育館などのピアノのある場所は練習割り当てをして行います。

　学校の事情が許せば，学級の教室以外の場所でも練習できるといいです。たとえば，床が板張りで天井が比較的高い場所は，声が楽に響き合唱にはもってこいの場所です。こういう場所はア・カペラで歌うと気持ちよく歌え，声が出しやすくなり，ハモり感も味わいやすいです。逆に響きがデッドな場所では，一人一人がしっかり歌えていないと声を出すことに怖さを感じます。こういう場所で1回歌わせておくのも効果があります。

　こういった場所による練習効果については，職員会などで先生方に話をしておきますが，全体で割り当てするより，学級担任と学級リーダーの相談によって，それぞれのクラスの状況によるタイミングで使わせたほうが，練習が白熱していきます。ただし，「あの場所で練習できなかったのは，うちの担任が弱いからだ」なんて生徒から変な方向に不満が吹き出そうなときは，音楽科がちゃんと把握と調整をしたほうがいいでしょう。

ランチタイム

　学級練習のためのキーボードが各クラス1台ずつ用意できるとベストです。クラスに1台が無理な場合は，学年内でローテーションして使わせましょう。
　また，CDデッキと歌う合唱曲を収録したCDを各クラスに貸し出します。声を出して歌うだけが練習ではありません。参考演奏を聴いて音程やハモり感，曲の雰囲気，自分たちの演奏との違いをとらえさせることも練習のうちです。たまにはお昼ごはんを食べながら聴くというのもいいです。

交流会

　担任の先生によっては「秘密の特訓」と称して，本番までは他のクラスには聴かせないというこだわりをもっておられる方もいらっしゃいますが，他の学級との交流練習というのも効果があります。同学年はもちろん，他学年間の交流もいいでしょう。
　これも職員会で音楽科から提案し，先生方の了解のもと行いますが，やり方は次の3通りだと思います。

① 　学年間交流を音楽科と生徒運営委員会で計画的に組む。
② 　姉妹クラスをつくり，他学年間交流を音楽科と生徒運営委員会で計画的に組む。
③ 　学級担任と学級リーダーの気持ち尊重で自主性に任せる。

　②③の場合，本番までに下級生が上級生の歌声を目の当たりにすることができるので，下級生の歌声への意識高揚が期待できます。また，上級生も下手なところは見せられないのでがんばるでしょう。

♪ 校外コンクール編 ♪

1 コンクールとは？

部活動の意義

　中学生期における部活動は，とても意義深いものがあります。心も体も大きく成長するこの時期に，友達とともに一つのことに打ち込むことは，心身の健全な育成を後押しします。体力，忍耐力，向上心，探究心，自主性，協調性，責任感など人間がよりよく生きていくうえで必要な要素の多くが日々の活動の中で培われていきます。

コンクールは目標？目的？

　目的を達成するためのステップが目標です。活動を通しての人間育成がどの部活動にも共通する目的とすると，コンクールへの参加はそれを達成するための一つの過程であり目標です。また，合唱部や吹奏楽部は，人々に感動を与える素晴らしい演奏を目指します。それを実現するための一つとしてコンクールがあります。コンクールへの参加は，生徒たちの活動へのやる気や自主性を高め，演奏技術への向上心や音楽への探究心を養うことにつながっていきます。

コンクールの価値

　私は中学・高校時代，吹奏楽部に所属し，コンクールに挑戦していた一人です。そして，初任で吹奏楽部顧問となり，教師としてコンクールに挑戦する立場が訪れました。がむしゃらにコンクール金賞受賞に向かって邁進し，念願かなって赴任5年目に県大会で金賞を受賞することができました。

地域からも学校からも保護者からも「今年こそ金賞を！」という声の中，生徒たちも私も「今年こそ金賞受賞！」と思って毎年取り組んでいました。そんな中，あるときふとした瞬間に，「これだけがんばっているのに銀賞止まりでは誰も喜ばないのか？」「金賞をとらないと誰も達成感を感じないのか？」「金賞＝上手，銀賞＝下手なのか？」「金賞＝優越感，銀賞＝劣等感，この感覚は何？」と思い始めました。そして，「コンクールは，指揮者である先生たちが評価される場であり，生徒たちはその先生の評価を上げるためにがんばらされているんじゃないのか？」「コンクールでいい賞をとる先生がいい先生なのか？」などと考えれば考えるほど蟻地獄に吸い込まれていくような感覚に襲われました。

　そして，私は大きな過ちに気が付きました。それまでの私は，コンクールをすべて自分に還ってくるものとしてとらえていたようです。自分が認められるためにコンクールめがけてがんばっていたのです。

　すべては生徒のためであらねばなりません。そう気付くと，生徒たちに素晴らしい経験・体験をさせるための一つとしてのコンクールが見えてきました。今では，生徒たちに素晴らしい経験・体験をさせられる場としてのコンクールは，とても価値あるものだと考えています。

　また，コンクールでの審査は，合唱指揮者，作曲家，声楽家などプロの音楽家が務めます。全国大会になると外国の合唱指揮者が招かれ中学生の演奏を審査します。それが当たり前の世界になっていますが，よく考えるとすごいことです。スポーツの世界で言うなら，国内のプロの審判員やワールド大会での審判員が中学生大会の審判をしているということです。こう思うと，とてつもないハイレベルな挑戦をしていると思いませんか。コンクールに挑戦するということは，この点からも価値のあることだと思います。

　「コンクール第一主義」なんて言葉を聞いたことがあります。コンクールで勝つための活動にするか，その先を見通した活動にするかは，コンクールに対する教師のとらえ方しだいです。

2 人づくりから音楽づくりへ

合唱部はキツイ!?

　今は,合唱部の活動の認知度がアップしているので「合唱部は楽な部活動だ!」なんていう人はいないと思います。しかし昔は「合唱部って歌を歌うだけだから簡単だし,楽だよね」と言われることもあったのではないでしょうか。

　確かに表面に見える,歌っている姿だけとらえると楽に思われるかもしれません。しかし,歌えるようになるまでにやらなければならないことが山ほどあります。

　私は,自分がこれまでに教わったことや自分の経験から得た合唱指導のノウハウをまとめる作業を平成18年から始め,毎年少しずつ書き進めてきました。今ではⅠ章からⅨ章28ページになる冊子ができており,毎年手を加え続けています。タイトルは**「おむさんの♪合唱づくりのⅠ・Ⅱ・Ⅲ・・・」**です。これを部員一人一人に持たせて,練習の場面場面で使っています。

　ここでは一つ一つの内容にはふれませんが,各章の見出しはこのようになっています。

　　Ⅰ章……**歌声あふれる学校づくり**
　　　　　（学校の雰囲気を支える・歌うことへの憧れ）
　　Ⅱ章……**人づくり**
　　　　　（基本的生活習慣の育成・自尊心の育成・責任感の育成）
　　Ⅲ章……**体づくり**
　　　　　（走り込み・ストレッチ・筋肉トレーニング）
　　Ⅳ章……**声づくり**
　　　　　（姿勢・口形・ブレス・発声のメカニズム・発声・響き）
　　Ⅴ章……**感覚づくり**
　　　　　（音程感・ハーモニー感・リズム感）

Ⅵ章……**合唱づくり**
　　　　（声の均等性・響く場所での練習・アカペラでの練習・カデンツ練習・表現の追求・音と音楽の世界の奥深さを知る）
　Ⅶ章……**男子の練習**
　　　　（裏声の獲得・昼休み練習）
　Ⅷ章……**声のメンテナンス**
　　　　（ウォームダウン・加湿と保湿）
　Ⅸ章……**声の悩み解消法**
　　　　（地声・のど声・嗄声・気息音・硬い声・こもった声・声量の不足・音程が下がる）

　これらの一つ一つの取り組みが，絡み合いながらスパイラルに向上していった先に感動的な演奏が生まれます。感動はそう簡単に得られるものではありません。日々の地道な努力の先に感動があります。

　毎年，運動部に所属している男子生徒十数人を募り，正規部員と合わせて混声合唱をつくっています。練習間もない頃は，ストレッチやブレス練習を伴った筋肉トレーニングの時点で運動部の男子たちは音を上げ，さらには１時間立っての練習に音を上げます。運動部は動くための筋肉を鍛え使いますが，合唱部はそれとは反対に姿勢を維持する筋肉が必要です。ですので，自分たちが鍛えている筋肉との違いがあるために音を上げるのだと思いますが，運動部の男子からは「合唱部はきつい！」という声が漏れてきます（笑）。

感謝・感動・謙虚

　本校コーラス部（本校は合唱部ではなく，コーラス部が正式の部名）には，私が赴任する前からある，部訓の「伝統の３Ｋ」が受け継がれています。３Ｋとは感謝（Kansha），感動（Kandou），謙虚（Kenkyo）のそれぞれのローマ字表記の頭文字Ｋからこう呼ばれています。

　「感謝」……生徒たちが活動できるのは，人，物，環境など様々な支援があるからです。保護者をはじめとする周囲の方々の活動への理解もその中に含まれます。日々のミーティングの中で，支援あっての活動であることを具体的な話を交えながら話をし，生徒たちに意識させ，感謝の気持ちを育てていきます。そして，感謝の気持ちを目に見える何かの形にするよう促します。
　その一つとして，活動場所の掃除があります。大会の当日または遠征の場合は出発日に全員で活動場所の掃除をしてから大会に臨みます。私がそうするようになったのは，初任の学校からで，ずっと続けています。
　初任の学校に剣道の達人の先生がおられ，私はその先生から**「道場の礼」**という言葉を教えていただきました。道場とは仏教用語で，僧侶が修行する場所という意味だそうです。現代では，剣道や柔道などの武道に限って体育館とか修練場と言わず，道場と言うようになったようで，そこには「道を修め徳を磨く場」という意義があるそうです。道場に入るときには履物を並べ，服装を正し，敬虔（けいけん）な礼をして入り，終わったときもまた同様にするのが道場の礼法と教わりました。
　その話を聞いて，私たちが活動する場も「道を修め徳を磨く場」であるわけだから，活動場所への感謝の気持ちを表すために掃除をみんなでやろうと思ったわけです。
　本当ならば，日々の活動の終わりに毎回掃除をすべきですが，短い時間の中での活動なので，そこまでは求めず，せめて大会前に「使わせていただき

ありがとうございます！」の気持ちを込めて掃除をやっています。場所は，練習場所に加えて，廊下とトイレも行っています。

　また，「時間」も感謝に値するものです。日々少ない練習時間を有効に使うためにも「時間を大切に」の心で活動します。

　「感動」……全日本合唱コンクールの中学校の部が始まってからでしょうか，年々中学生の演奏技術が向上しています。そのような中，ある年の大会の審査員講評で「感心できる演奏から感動できる演奏へ」という話がありました。「感動できる演奏」と一言で言っても実際に人々を感動させる演奏とはどういう演奏なのでしょうか？　そこには技術と精神の両面の高まりが求められるのでしょう。このハードルはとても高いです。しかし，求めるべきは感動できる演奏です。そして，演奏だけでなくいろいろな感動を大切にします。道端で一生懸命咲いている花を見つけて感動したり，映画を観て感動したり，いろいろな場面で感動する心を育んでいきます。

　「謙虚」……謙虚な気持ちを育てていきます。謙虚とは，偉そうな態度をせず，相手を敬うということです。これは，感謝の気持ちとつながります。私は，拍手の話をよくします。「人に対して拍手をしっかり送る人は，いつかどこかで人から拍手をもらえる人になる。我々の活動で言えば，たくさんの人に心からの拍手が送れる人こそ，たくさんの拍手がもらえる演奏ができる」と。超一流の演奏家は，みな腰が低く謙虚です。

一人一人の心の中にこの３Ｋが大きく育つことが，コーラス部の一番大切な目的です

3 主役の自覚

活動の主役

　部活動は自分で選んで，やる気をもって入ったメンバーの集まりです。その集団が限られた時間の中で思いっきり活動できるように，顧問である私は力を添え，よりよい方向に向上していくよう支援するという考え方でいます。

　こんな話をよくします。「みんなは，この学校を選び，そしてこの部活がやりたくて選んで入りました。このコーラス部は，そんなみんなのものです。私のものではありません。もし私のものだったら，私が転勤したらもうこの部活はなくなるってことでしょ。だから，みんながどんな活動をしたいか，どんなコーラス部にしたいか，みんなが思い，考え，動くことです。私は，そんなみんなのバックアップをします」

　私がこうしたいよりも生徒たちがどうしたいのかが一番大切です。私はたびたびその考えを生徒たちに話します。

　年によっては，私の指示や指導を待つ雰囲気を感じることがあります。そういう年は，「コンクールに参加するのかしないのか」から話し合いをもたせることがあります。

　また，自分たちの気持ちをスローガン化させ，掲示し，ことあるごとにその気持ちを確認し合わせ，自分たちの活動であることを意識させます。

自覚の芽生え

　私は，生徒をぐいぐい引っ張るタイプではなく，生徒の成長をじっくり待つタイプです。場面場面で生徒の心を揺さぶる仕掛けをし，そのあとじっくり様子を眺めます。同僚から「小村先生には，厳しく言わない厳しさがある」と言われたことがあります。

　こんなことがありました。１年生の頃から，午前９時から始まる休日の部

活に毎回遅れてくる男子生徒がいました。その生徒は，だいたいミーティングの途中で来るので，私は「おはよう！」と率先して声をかけ，他の生徒たちも「おはよう！」と声をかけます。他の生徒は「小村先生，叱ってよ！」と思っていたでしょうね。これは彼に自分たちが主役であるという自覚がないからであり，じゃあ叱って自覚が芽生えるかというとそういうものではありません。叱られたことにより，一時はがんばるかもしれませんが，私は彼が気付き自身の力で改善してほしいと願い，彼の失敗を１年間受け入れました。ただし，まったく何も言わないのではなく，ときどき考えさせる話をしてやりました。そうやって水と肥料をまきながら彼の主役としての自覚が芽生えるのをじっくり待ちました。

主役の中の主役

　生徒主体の円滑な活動と感動ある演奏を求めるとき，リーダーの育成は欠かせません。リーダーには主役の中の主役というもう一つ高い自覚が必要です。

　11月中旬に３年生が引退します。それよりも約１か月前に新部長・副部長の選出をし，まず，３年生がいる間に新部長・副部長は見習い期間として３年生部長・副部長とともに行動し，心構えや仕事を教え込まれます。

　各パートの運営は，次年度のパートが確定する２月中旬過ぎまでは暫定リーダーで行わせ，パート確定後から４月に新入部員が入るまでにスムーズなパート運営ができるようにします。初めの頃は，パートを進める言葉もたどたどしいですが，約２か月でしっかりしゃべれるようになります。

　リーダーの育成は１年間を通して行いますが，基本的に冬場から３月までは私が直接アドバイスを与えながら引っ張り，それ以降は自分たちで考え，判断し行動させます。もちろんまったくの任せっきりではなく，ときどきリーダーに考えさせるような話を投げかけ，そのあとじっくり様子を眺め，リーダーの成長を待ちます。

4 見通しと目標

スパン

　私は3か月ごとの練習計画カレンダーを出しています。私自身が先が見えていないと不安なためにそうするようになりました。コンクール目指して取り組むとき、ステージに上がるまでにかなりの期間があります。今何をしなければならないのか、曲を仕上げるにはどれくらいのペースで練習しなければならないのかという先が見通せていないと、結局私自身と生徒たちが苦しみ、悔し涙を流すことになります。

長期・中期・短期・即日

　コンクール出場という目標に向かって長い期間練習を重ねていきますが、3年生が引退し代替わりしてすぐに「来年のコンクールがんばろう‼」と言っても気が重くなるだけです。ましてや、その年に先輩たちがいい結果を残していたら、引き継いだ後輩たちはプレッシャーを感じるだけで、気持ちが前に向かないこともあります。それは可哀想です。

　目標は、長期・中期・短期と3段階に分けます。たとえば、長期目標は1年後の「コンクール全国大会出場」、中期目標は半年後の「新入生歓迎演奏会の成功」、短期目標は1〜2か月後の「クリスマスミニコンサートの成功」のように考えていきます。短期目標をさらに具体的に立ててもいいですし、一人一人に個人短期目標を立てさせるのも気持ちがアップしていきます。

　さらに本校では「舌に力が入らないように意識して練習する」のように、その日の練習の個人目標を立てさせ、練習終わりのミーティングで振り返りをさせます。目標や振り返りをシートに記述させてもいいですが、練習時間が少ないので、記述の時間をとらず、みんなの前で毎回二人ずつに発表させています。

5 悩める選曲

感性・共感・成長

　コンクール曲への取り組みは，何か月もの長いスパンであったり，演奏時間に制約があったりするために，生徒たちで選ぶというのは難しいです。コンサートの選曲は生徒たちに任せますが，コンクール曲については，私が選んでいます。ときどき，ピアニストに頼んで弾いてもらったり相談したりすることもありますが，基本的に一人で探して，考え，悩んで決めています。選曲には毎年頭を悩ませます。冬場の1月～3月の3か月間，生徒たちの可能性を想像してワクワクしながら悩み続けます。選ぶ際には，次のような観点で選びます。

① 私の感性が揺さぶられる曲
② 詞（言葉）に共感できる曲
③ 生徒たちのやる気と技量を引き上げる曲

　①は，私の好みと言ってもいいでしょう。好みがずっと一貫している人もいれば，時，年齢，流行とともに変化する人もいるでしょう。私は以前，外国もののア・カペラ作品にはまっていました。しかし，今はドラマチックな熱いメロディで奏でられる日本語の曲に惹かれています。
　以前，作曲家の松下耕さんに作曲を依頼したとき，このようなお願いをしました。「厚みのある混声の歌声と華麗なピアノのドラマチックな展開の中に透き通った響きが広がるア・カペラ部分もあるという，かなり贅沢な曲を頭に描いています。松下さんのヨーロピアンな感性あふれる曲をお願いします」これが私の感性を揺さぶる要素満載の曲想ということです。
　②は，合唱づくりの最終段階は詞（言葉）との真っ向勝負だからです。合唱をつくっていくうえで，詞の解釈とその解釈から生まれるニュアンスの表

現の追求が最重要です。作曲家は，詞を何度も何度も読んで，詞（言葉）から受けるものを音に書き落としています。演奏者としても，詞（言葉）の読み取りなくしての演奏はありえません。

外国の詞の場合，私は辞書を片手に単語を引き，訳詞をつくり，何度も読んでいきます。かつてバスク語に取り組んだとき，15,000円もするバスク語辞典を購入して自分で訳しました。まず教師がその詞に共感できないと生徒の読み取りも深まっていかないですし，曲づくりが深まっていきません。

③は，言い換えると「生徒たちが好きになる曲，歌いたくなる曲」です。ことわざで「好きこそ物の上手なれ」とあるように，曲が好きになるとどんどん上手になっていきます。これまでにも「今の生徒たちにこの曲は難しいだろうなぁ」と思って半信半疑で楽譜を渡してみたところ，生徒たちはその曲が好きになり，歌えるようになりたいという欲求が高まり，私の心配をよそに歌いこなしていくことがたびたびありました。曲が生徒を成長させると確信しています。

コントラスト

同じステージで2曲歌う場合，2曲を並べてみたときの曲調や色彩感のようなものを考えます。音楽の色彩感の違いを端的な言葉で表現するのは難しいですが，たとえば次のような対比をイメージしてみてください。

硬い⇔柔らかい　　濃い⇔淡い　　激しい⇔穏やか

せっかく2曲歌えるのですから，違う色彩の曲を生徒たちに経験させてやりたいです。また，聴く方としても同じような感じのものを聴くのは面白くないです。聴いていただく客席のみなさんにも色彩の違いを提供したいと思っています。わずか数分のコンクールのステージも，私たちのコンサートという思いで選曲します。

6 主体性のある音楽を引き出すプロセス

　コンクールや演奏会で，指揮者がぐいぐい引っ張り，歌わされている感の強い演奏や，指揮者は熱く振っているが，生徒はしら～っと無表情で歌っている演奏を見ることがあります。

　音楽づくりは，指揮者である教師が最終的にまとめあげていきますが，最初から最後まですべてを教師が引っ張らないで，生徒に任せる時間も必要です。私は音楽づくりの過程を5段階設定しています。

第1段階（生徒主体）

　パートでの音取りが終わり，その後しばらくはリーダーたちで合唱をさせます。リーダーには音程やリズム，強弱，歌っているときの顔の表情について注意を払うよう指示をします。

第2段階（教師主導）

　私が指導をします。音程などのチェックと同時に楽譜には書かれていない音楽表現を要求します。その際にそう表現させる根拠を述べます。たとえば「それまでのなめらかに流れるような歌い方から，ここからは縦に刻むように少し力強く歌ってほしいなぁ。なぜならピアノ伴奏が変化してるでしょ」とか「この『広い』ってのはどれくらいの広さをイメージして歌ってるのかな？　みんなの歌からは，僕にはこの教室くらいの広さに聴こえるけど，それでいい？」などとズバっと根拠を言ったり，問いかけて考えさせたりしながらざっくりと音楽をつくっていきます。

　このように進めて，楽譜や言葉の読み取り方を教え，生徒一人一人が自主的に楽譜と向き合うように音楽のつくり方のヒントを与えてやります。

第3段階（生徒主体）

　またしばらく生徒に任せます。楽譜から表現を読み取ることは難しいこと

ですが，少しずつ自分たちで読み取ろうとしていきます。そして，リーダーたちは「この部分はもっとやさしく歌おう！」とか「ここはもっと柔らかい声でなめらかに歌って！」「この『強く』という言葉には，決意みたいなものも感じられるので『つ』の子音をもっとはっきり歌ったほうがいいと思う！」などのように表現面での要求が出せるようになります。

また，生徒によっては言葉のニュアンスから感じられる歌い方だけでなく，言葉と言葉の間にある休符についても読み取っていく生徒が現れます。

第4段階（教師・生徒共同）

私と生徒たちと一緒に楽譜を読み取っていきます。読み取りの時間として歌わずに行うこともありますが，だいたい歌いながら問いかけながら進めていきます。当然，私はそれより先に深く読み取っておきます。生徒との読み取りの中で，私と違う角度からのするどい読み取りに出会ったり，中学生ならではの柔軟な読み取りに出会ったりすることがあります。私にとっても新鮮な感覚があったり，感動の気付きがあったりします。

第5段階（教師・生徒連導）

一緒に読み取ったことをもとに私が表現指導をします。もうこの段階になると，一人一人が理解しながら歌っているので，一人一人が表現しようとします。そして，思いを表現につなげるための技術的なことと並行して指導をし，さらに一緒に深く読み取りながら音楽表現を深め，演奏を高めていきます。

教師と生徒が横一列に連なって一緒に音楽を導き出すという意味合いで「連導」という言葉を使っています。

合唱が主体性のある音楽表現になるためには，教師から与えられるだけでなく，生徒自らの楽譜の読み取りと理解が大事です。

7 生きた言葉にするために

言葉の世界

　人は本を読みながら,頭の中で言葉を理解すると同時に何となく映像化しているものです。合唱には歌詞があるので,同じように歌いながら言葉の理解と映像化が行われるはずです。しかし,そうでないことが多いです。言葉に音が付いた瞬間に声の出し方や音程に気を取られ,言葉の世界への意識が薄れてしまいます。練習の過程としては仕方ないことですが,常に言葉への意識が向くように言葉をかけていきます。

　そこで必要になってくるのが,言葉の世界の可視化です。その方法として,**校内コンクール編の「9　学級担任との連携プレイ」の「イメージ画」**で紹介していますのでご覧ください。

　部員一人一人のイメージを目に見えるものにして,それらを吟味し統一のイメージ画をつくり,その絵や写真を思い浮かべながら練習をしていきます。

想像・空想

楽しそうな笑顔　　　**悔しそうな**泣き顔

　「楽しそうな」と「悔しそうな」とありますが,具体的な場面や原因は何も書かれていないとしましょう。いつ何をしていて楽しかったときの笑顔なのか？　悔しかったときの泣き顔なのか？を問いかけていきます。具体的に書かれていないことを自分たちの実際の経験の中から引き出して,場面を具現化させて,全員で共有していきます。

意味の度合い

　　　　大きなのっぽの古時計　　　**小さな**足跡がひとつ

　「大きな」や「小さな」という言葉はよく詞の中で使われます。その際，どれくらい大きいのか？どれくらい小さいのか？は読み手の想像に任せられます。その大きさの度合いを問いかけ，その質量感が聴き手に伝わるには，どのような歌い方をすればいいのかを追求していきます。

　また，「あったかい」や「熱い」「寒い」などの言葉も素通りしがちですが，その言葉の前後から感じるその言葉の温度感も表現へとつなげていきたいです。

　もう一つよく使われるのが「きっと」や「そっと」などの副詞です。「きっと～する（だろう）」のように決意や確信，要望を表す言葉ですが，どれだけの思いのある決意なのかが聴き手に伝わるような表現を求めていきます。

　楽譜にはその言葉自体に ff や mp などの記載がなくても前後の言葉よりもボリューム感を変えるだけでそのニュアンスが生まれてきます。その他，子音の立て方や息遣いを変えて硬く言ったり，柔らかく言ったりしてニュアンスを出していきます。

「大きな」「小さな」「ちっぽけな」…………どれくらいの大きさ？
「あったかい」「熱い」「寒い」「冷たい」……どれくらいの温度？
「きっと」「そっと」「もっと」「ずっと」……どれくらいの気持ち？

　詞を読むとき，このような普段よく使われる何気ない言葉を見逃さずに，しっかり向き合わせることが大切です。

8 イメージカラー

イメージを共有

　近年，コンクールで取り組む曲のイメージカラーを考えるようになりました。ステージに立つときに着るタキシードのポケットチーフや胸飾りの色を曲のイメージにしようと思ったのがきっかけです。それをするようになってから，保護者から「今年のカラーは何ですか？」とたずねられたり，「やっぱりその色でしたか。私もその色をイメージしていましたよ！」と言われたりするようになり，保護者の曲に対する関心度も高まってきたように感じます。

　当初は自分で考えていましたが，ある年から生徒たちにも考えさせ，生徒たちのイメージと私のイメージ，さらにはピアニストも巻き込んで決めるようになりました。

　一曲の中にはストーリーや場面，雰囲気に展開があるため，なかなか一つの色に絞るのは難しいですが，詞と音にじっくり向き合っていると曲を支配しているキーワードが見えてきたり，音が感じられたりしてトータル的なイメージが色として浮かんでくるものです。楽譜の読み取りと並行してイメージしていきます。

　近年取り組んだ曲のイメージカラーです。

曲　名	イメージカラー	作詞／作曲
fight（ファイト）	鮮やかなレッド	詞／曲：YUI
一詩人の最後の歌	熱く深いレッド	詞：H・Cアンデルセン 曲：松下　耕
水の星	深海ブルー	詞：茨木のり子 曲：松下　耕
友〜旅立ちの時〜	温かみのあるオレンジ	詞／曲：北川悠仁
もっと向こうへと	まぶしいイエロー	詞：谷川俊太郎 曲：松下　耕
たったいま	純真無垢なホワイト	

9 空虚な演奏

真摯に向き合う

　音楽をつくる過程で，過去に演奏された音源がある場合には，生徒たちに曲の全体構成をとらえさせたり，曲想や雰囲気をとらえさせたりする目的で参考として聴かせます。しかし，それはあくまでも参考であって，このような演奏をしなさいという聴かせ方をしてはいけません。

　ある児童合唱団の指導者で，練習がうまくいかないと他団体のいい演奏をＣＤで流して「このように歌いなさい」と子どもたちに何度もＣＤ演奏を聴かせる方がいらっしゃいます。曲の雰囲気や歌声のイメージをもたせるためならまだ理解できますが，「このように歌いなさい」ではＣＤ演奏のコピーです。周囲からは「上手だね！」と言われ，その子どもたちはそれで音楽をやったつもりになっています。

　芸や技の世界は「習うより盗め！」です。弟子は，師匠の芸を見てまねて（盗んで），そして自分の形をつくり上げていきます。まねることができるのも習得術の一つですが，子どもたちに対する「このように歌いなさい」の発言は，大きな勘違いをさせてしまうことになります。これでは，まねをする力は育つでしょうが，自ら音楽を創造する力が育つことはまったく期待できません。

　これは，指導者が音楽をファッションとしかとらえていないからです。音楽の真髄を分かろうとせず，着せ替え人形のように見た目の服を替えるが如く，音楽を表面的にしか繕うことしかできないからです。そこで奏でられる音楽は，根拠のない速度設定や強弱の変化，そして空虚な言葉の羅列があるのみで，心動くものは何一つありません。

　子どもたちに責任はありません。すべて指導する大人の責任です。

　すべての音楽づくりは，音楽に対して真摯に向き合うことから始まります。指導者にその姿勢があってこそ，子どもたちに感動を味わわせることができ，そして客席を感動させることができます。

10 ピアニストへのリスペクト

オーケストラ

　合唱顧問かけ出しの頃，ピアノは生徒に弾かせていました。とてもしっかりきちんと弾ける生徒で私は満足していました。ある日，ピアノのことをよくご存知だったその生徒の保護者の方から「先生は，合唱の中のピアノをどうお考えですか？」と飲んだ席でつめ寄られたことがありました。当時の私は，「ピアノは大切だと思います」としか答えられず，何とも恥ずかしく悔しい思いをしました。

　ピアノという楽器の奥深さについてまったく無知で，当時を思い返すと，ピアノに対する要求は「もっと全体的に強く」「もっと左手の音強く」「もっと柔らかく」「もっと短く」「もっと合唱に合わせて」などのように表面的な要求しかしていませんでした。恥ずかしい限りです。

　ピアノという楽器は，猫が鍵盤の上を歩いても音が出ます。しかし，同じ楽器を弾いても，弾き手によってその音色や音質，鳴り方も違います。いくら1,000万円のピアノでも，それを生かすも殺すもピアニストしだいです。そして，そのピアニストの奏でる多彩な表現は，100人のオーケストラに匹敵すると言ってもいいです。

　ピアノを弾くのが苦手な私ですが，ピアノについては興味津々ですし，ピアニストには尊敬の念を抱いています。

ヒント満載

　ピアノ伴奏がある曲では，ピアノ譜の読み取りは必須です。演奏のヒントがピアノのパートにちりばめられているからです。たとえば，ピアノパートに要求されているものがレガートなのかマルカートなのかの違いで，合唱の歌い方もだいたい決まってきます。また，使われている和音進行でも曲の雰

囲気が決定付けられます。合唱パートにはない音をピアノが補っていることもしばしばです。

さらには，言葉では表現されていない行間の気持ちをピアノパートが表現したり，言葉のニュアンスやエネルギーをバックアップするように表現したりします。

ピアノ伴奏付きの合唱曲をする際には，生徒たちにもピアノパートの重要性を理解させ，ピアノパート譜の読み取りをさせることが絶対に必要です。

コンビネーション

プロの合唱団の演奏チラシを見ると，だいたい指揮者とピアニストのコンビが決まっています。それを見ても，指揮者はピアニストとのコンビネーションを大切にしていることが分かります。

近年の中学校部門のコンクールでは，大人のピアニストが弾く学校がほとんどです。その際，様々な考えや物理的条件で選び，お願いされていると思います。

私は，人間的にも音楽的にも共感できる点が多い人にお願いすることにより，音楽の話が弾み，音楽づくりがより深まっていくと考えます。

生徒たちとのピアノ合わせの前に，事前に私とピアニストでの合わせをします。指揮の合図の出し方やテンポ感，ボリューム感のことから始まり，次第に曲の分析を行い，ピアニストからみた分析を含めて音楽を深めていきます。ときには「この部分を生徒たちに弾いて聴かせることで，この歌い方がつかめるんじゃないか？」などと指導の方法まで打ち合わせます。

このような作業を行うことで，さらにコンビネーションが向上するのと，お互いの曲に対する理解が共有でき，生徒たちとのピアノ合わせがより中身の濃いものになっていきます。

11 秘密のノート

教師も成長

　生徒の成長を願うならば，教師自らが成長し続けなければなりません。ある程度の経験を積み，自分のやり方が見えてきて，それに伴ってある程度の成果が見えてきたとしても生徒たちは毎年メンバーが代わります。同じやり方が通用しないことはしばしばです。また，同じやり方が空気をよどませることになり，うまくいかないことの連鎖が生まれます。

　私は，毎日ではありませんが，活動で思ったことや感じたことをノートに書き留めています。ペンで殴り書きしており，生徒の実名や私のプライベートな感情も綴ってあるために，他人には見せることができない丸秘のノートです。誰にも見せることはできませんが，実はノートの存在を生徒たちは知っています。なぜなら，いつの頃からか3年生とのお別れ会の私の最後のあいさつの中で，読んで聞かせてやることができる部分を抜粋して一年を振り返るからです。ノートを読みながら「あのときそうだったね」「あのとき，実はこんな思いだったんだよ」みたいな話をしてやります。

　日々の活動の中で，指導に行き詰まったときは必ずこのノートを読み返します。それは，過去に同じような行き詰まりがあったというのではなく，過去の行き詰まりから自分がどう抜け出していったかを思い出すためにです。毎年，毎年，うまくいかないことや苦しいこと，辛いこと，腹が立つこと，苛立つことが波のように押し寄せてきます。私はこれらをノートの中で，「私に与えられた試練」と表現し，すべてのことが私を成長させるものとして，苦しいけれどポジティブに受け止めています。

　ある年の8月上旬の1ページです。ノンフィクションです。

【著者紹介】

小村　聡（おむら　さとし）

　1965年島根県出雲市生まれ。島根大学教育学部特別教科（音楽）教員養成課程声楽専攻卒業。1989年島根県公立中学校教員として採用。2006年から島根大学教育学部附属中学校に勤務。

　1994年島根県民ミュージカル「あいと地球と競売人」（東龍男 脚本／平吉毅州 作曲）初演に競売人役で出演。その他県内において歌劇「魔笛」（モーツァルト作曲）にタミーノ役，歌劇「カルメン」（ビゼー作曲）にレメンダード役で出演。出雲阿国歌舞伎発祥400年記念創作群読音楽劇「おくにの空」等の音楽監督を務める。

　2014年までの合唱部顧問を務めた17年間のうち，全日本合唱コンクール全国大会に11回，NHK全国学校音楽コンクール全国コンクールに4回出場。

　DVD「心が動けば，身体が動く！生徒のやる気を高める合唱指導～島根大附属中・小村先生に見る，合唱づくりのⅠ・Ⅱ・Ⅲ～」（ジャパンライム）

　2011年6月からの2年間，『教育音楽 中学・高校版』（音楽之友社）にて「おむさんの歌唱指導」を連載。その他，同誌及び『授業力＆学級統率力』（明治図書）の特集記事などを執筆。

スペシャリスト直伝！
中学校音楽科授業成功の極意

2015年2月初版第1刷刊　Ⓒ著　者　小　　村　　　　聡
　　　　　　　　　　　　発行者　藤　原　久　雄
　　　　　　　　　　　　発行所　明治図書出版株式会社
　　　　　　　　　　　　　　　　http://www.meijitosho.co.jp
　　　　　　　　　　　　（企画）木村悠（校正）木村・奥野
　　　　　　　　　　　　〒114-0023　東京都北区滝野川7-46-1
　　　　　　　　　　　　振替00160-5-151318　電話03(5907)6703
　　　　　　　　　　　　ご注文窓口　電話03(5907)6668
＊検印省略　　　　　　　組版所　株式会社アイデスク

本書の無断コピーは，著作権・出版権にふれます。ご注意ください。

Printed in Japan　　　ISBN978-4-18-135220-2
JASRAC出 1414938-401

Nコン地区大会3日前。こんな試練は初めてだ。今日この日に至って，まだ一度も男子がそろうことがなく，全員そろっての練習ができていない。今日も男子6人欠席。この出席率の悪さは過去最悪である。この最悪な状態をどうやってプラスに転じていくか？　これまた，私に与えられた試練としか思わざるを得ない。男子のやる気がないわけではなく，怠けているわけでもなく，本家の部活がまだ続いているから出られないのであって，誰も悪くない。なんという試練だ。

　それに加えて，女声が変だ。特にソプラノの音色。日に日に声が浅く，硬く，平べったく，聴いていて耳障りになってきている。疲れからくる力みか？　例年と同じペースでやっているのに，なぜだ？　体調のこともあろうが，もしかして内部で何か起きているのか？……とりあえずあと3日，今考えられる，与えられる最善のことをしなければならない。

　○○さんが一昨日，発熱ということで休んだ。昨日は来たが，発声練習をしたあと「なぜか分かりませんが，涙が出るんです」と言ってきた。「落ち着きなさい」と言って別室で休ませた。彼女はこれまでも大会前に体調を崩すということを繰り返している。またしてもトラウマのようになっているのかもしれない。

　そして今日は，親御さんと一緒に朝学校まで来たが，玄関に入る前に足が止まり，そのまま一時帰宅。その後，本人が「明日のホール練習に備えて今日は様子を見て，よくなったら午後行きます」と細々とした声で電話してきた。彼女の精神的葛藤である。

　結局，10時過ぎに来て，練習に合流してなんとか最後まで取り組めた。途中，彼女の母親から電話があり，「今朝の不安な表情は，まるで保育園児が保育園に行きたくない，という不安を訴えているかのようでした」と言われた。彼女の純真さが生む不安なのかもしれない。不安でいっぱいなのかもしれない。しかし，今回は今までとは違うことがある。これまで大会へのオーディションに落ち続け，自分に自信がもてなかったのに対し，今回は見事にクリアしていることだ。明後日の大会にステージに立つことだ。彼女にもう一歩自信をつけさせるために明日何をすべきか？　彼女に何がしてやれるのか？

　暑い夏，熱い夏，今年も苦しい。オレ，がんばれ！